Monika Bylitza
Coaching to go
Denkimpulse für jeden Tag

MONIKA BYLITZA

COACHING TO GO

DENKIMPULSE FÜR JEDEN TAG

neukirchener aussaat

MIX
Papier aus verantwortungsvollen Quellen
FSC® C014138
FSC
www.fsc.org

Bibliografische Information der Deutschen Nationalbibliothek:
Die Deutsche Nationalbibliothek verzeichnet diese Publikation in der Deutschen Nationalbibliografie; detaillierte bibliografische Daten sind im Internet über http://dnb.d-nb.de abrufbar.

Gesamtgestaltung: Miriam Gamper-Brühl, Agentur 3Kreativ
Fotos: © Shutterstock
Lektorat: Monika Stemmer, Recklinghausen
Verwendete Schrift: Sabon, Avenir
Gesamtherstellung: FINIDR, s.r.o.
Printed in Czech Republic
ISBN 978-3-7615-6385-4

www.neukirchener-verlage.de

Für Rainer

An Deiner Seite ist es leicht,
ein kreatives Leben zu führen.

Vorwort

Schon als Schülerin beschäftigte mich die Frage, wie sich eine Kapitalanlage mit möglichst wenig Aufwand zu einem guten Ertrag entwickeln lässt. Von meinem Konfirmationsgeld kaufte ich Aktien und sammelte erste Erkenntnisse im Umgang mit Geld und Beratern. Sehr schnell war für mich klar, dass sich daraus eine berufliche Perspektive entwickeln wird.

Doch erst im Berufsleben entdeckte ich, wie wichtig das Wissen um die eigene Identität ist, um auf Dauer zufrieden und erfolgreich zu sein. Mentoren haben mich regelmäßig herausgefordert, meine Ziele in Übereinstimmung mit meinen Werten zu formulieren und auf eine gute Balance zu achten. Nach 20 Berufsjahren ist meine Lebensbalance ins Wanken geraten und ich habe mich für eine freiberufliche und familienfreundliche Perspektive entschieden, aus der meine heutige Selbstständigkeit entstanden ist.

Es muss einen Grund haben, wenn ich gerade heute den Satz „50 ist das neue 20“ in unserer Zeitung lese. Als Optimistin gehe ich davon aus, dass ich 90 Jahre alt werde. Theoretisch und auch praktisch habe ich die Lebensmitte schon überschritten. Ich durfte viele Möglichkeiten kennenlernen, mein Leben zu gestalten, und schaue auf viele wertvolle Erfahrungen zurück, die mein Leben reich gemacht haben.

Meine Lebenshaltung ist biblisch begründet und zieht sich wie ein roter Faden durch dieses Buch. Ich bin dankbar dafür, dass mein Selbstwert durch die Liebe Gottes bestimmt wird und nicht durch meine Leistungen. Gerade dann, wenn meine Gedanken blockiert und neue Wege noch nicht sichtbar sind, suche ich biblische Kraftquellen und Gottes Zusagen. Das sind für mich besondere Zeiten zum Staunen und Gelegenheiten zum Träumen.

Mit diesem Buch lade ich Dich dazu ein, Deine ganz persönlichen Herausforderungen anzunehmen. Ich teile mein Erfahrungswissen und persönlichen Erlebnisse und schenke Dir jeden Tag einen Gedankenimpuls, der Dich begleiten und herausfordern soll. Deshalb heißt das Buch auch „Coaching to go“. Also: GO!

Januar:
Klarheit schaffen

Ich wünsche Dir viele Zeiten, in denen Deine innere Lebendigkeit Raum gewinnen kann und Dein Herz voller Spontaneität mutige Gedanken für Dein Leben zulässt. Stelle Erwartungen von außen zurück und traue Deiner Intuition – kindlich und spontan. Gönne Dir hin und wieder den Abstand von Dir selbst und lass Dich von Gottes Liebe in Freiheit führen.
Lass Dir von Gottes Geist Lebens- und Sichtweisen schenken, die Deiner Seele Zuversicht geben.

Welche Überschrift hat das Neue Jahr?

Kleine Einblicke unter die Oberfläche der guten Vorsätze

Der intensive Duft von geschmolzenem Käse und überbackenen Kartoffeln ist noch in meiner Nase und die würzigen Beilagen des Sylvesterraclettes kribbeln auf der Zunge. Der Weihnachtsbaum wechselt langsam die Farbe. Das frische Grün wird grau und die klare Januarsonne möchte ihn und die gesamte Adventsdekoration in den Keller vertreiben. Die Kalender sind getauscht und das neue Jahr kann beginnen. Ich frage mich, wie viele unkalkulierbare Momente und Ereignisse mich wohl in diesem Jahr überraschen werden.

Höfliche Antworten auf eine unbequeme Frage

Gerade „zwischen den Jahren“ begegnet mir viel zu oft eine Frage, die ich überhaupt nicht mag: „Und – welche Vorsätze nimmst Du mit in das neue Jahr?“ Meiner Meinung nach wird diese Frage völlig überbewertet. Meine gesamte Höflichkeit ist gefordert, um eine respektvolle Antwort zu finden, die den Fragenden nicht verletzt. Viele Menschen verbinden mit guten Vorsätzen den Wunsch von einem anderen Leben und produzieren mit ihren Antworten einen anspruchsvollen, ehrgeizigen Optimierungswahn, der alle Lebensbereiche umfasst. Das Spektrum reicht von „Ich werde mehr Sport treiben“ über „Ich werde mich mehr um meine Beziehung kümmern“ bis zu „Ich werde an meiner Gelassenheit arbeiten“.

Eugen Roth sagt zu diesem Thema: „Vorsätze sind wie ein Aal – leichter zu fassen, als zu halten.“ Mir gefällt dieses Zitat. Es bringt mit wenigen Worten auf den Punkt, was nach den großen Sylvestervorsätzen in der Realität ankommt. Bitte verstehe mich jetzt nicht falsch. Ich habe nichts gegen gute Vorsätze. Sie brauchen aber Raum, der frei von einem festgelegten Datum ist, in dem man ohne Druck nach neuen Perspektiven suchen kann.
Für mich sind gute Vorsätze wie ein kleiner Schubs in eine neue Richtung. Mehr nicht. Aus dieser Perspektive der „kleinen Schubse“ kann ich mich sehr wohl mit dem Thema anfreunden.

Mach Dein Ding, aber nimm Dir Zeit

Jedes neue Jahr verspricht eine Fülle von Chancen und Möglichkeiten. Es weckt die Hoffnung, aus der bisherigen Routine auszubrechen und neue, andere Ideen Wirklichkeit werden zu lassen. Mit allen Regeln der Kunst folge ich meiner Leidenschaft, um mit meiner Familie, Freunden und Kollegen das Leben zu feiern. Dafür gibt es kein Erfolgskonzept. Doch wenn Humor und Talent, Fachkompetenz und Mut zusammenkommen, ergeben sich interessante Perspektiven.

Ich frage mich im Januar, welche Überschrift ich den kommenden 12 Monaten geben will. Zu welchem Thema braucht mein Charakter neue Impulse und was werde ich zum Gelingen sozialer Gemeinschaften beitragen? Um das herauszufinden, suche ich mir einen stillen Ort jenseits aller Sylvestertraditionen und überlege mir, innerlich ruhig und gesammelt, wie ich meine Talente fördern kann und wo ich mich weiterentwickeln möchte. Schnell wird mir klar, dass Lösungen nicht einfach so auf der Hand liegen.

Für mich sind gute Vorsätze wie ein kleiner Schubs in eine neue Richtung. Mehr nicht.

Das Gehirn mag kleine Schritte

Erkenntnisse aus der Psychologie und Hirnforschung zeigen, dass wir Veränderungen bewusst steuern können. Es ist also kein Problem, gute Vorsätze erfolgreich umzusetzen.

Das Gehirn hat eine programmierte Selbstoptimierungsfunktion. Es ist daher lebenslang in der Lage, die Struktur seiner Nervenzellen zu stärken und umzubauen.
Häufig genutzte Verbindungen kannst Du mit einer 4-spurigen Autobahn vergleichen, die sich nicht mal „so eben" umbauen lässt. Wenn Du also ein Verhalten verändern willst, für das es eine Autobahn in Deinem Gehirn gibt, ist das durchaus möglich, braucht aber Zeit.
Wenn Du Deine Schnellstraße verlassen willst, um Neues zu schaffen ist das für Dein Gehirn so, als würdest Du zu Fuß über einen kleinen Trampelpfad weitergehen. Das ist ungewohnt und auf einem kleinen Pfad, der eventuell mit Pflanzen und Dickicht überwuchert ist, kannst du Dich nicht so schnell fortbewegen wie auf einer Autobahn. Ist doch logisch, oder?

Wenn deine guten Vorsätze erfolgreich sein sollen, musst du die kleinen Schritte begrüßen

Nur, wenn Du diesen kleinen Weg wieder und wieder nutzt, wird er breiter und breiter. Irgendwann ergibt sich dort eine kleine Straße und wer weiß – vielleicht auch eine neue Autobahn?

Wenn Deine guten Vorsätze erfolgreich sein sollen, musst Du die kleinen Schritte begrüßen und das neue Verhalten immer wieder trainieren. Mit jedem kleinen Schritt wirst Du die Grenzen Deines eigenen Ichs überwinden können und über Dich hinauswachsen. Das kann schon anstrengend werden. Deshalb sollten Deine guten Vorsätze dazu dienen, Deinem Herzensanliegen näher zu kommen. Der Glaube und die Gewissheit an ein lohnendes Ziel werden Dir Kraft geben für jeden weiteren Schritt.

Erlaube Dir im neuen Jahr intensive und fröhliche Erlebnisse, aber auch achtsamen Umgang mit Deiner Seele. Habe den Mut zur Neuorientierung, wenn der Alltag neue Wege fordert. Geh' achtsam mit Deinen Grenzen um und freue Dich auf kleine „Kribbelattacken", die Dir neue Perspektiven zeigen.

DENKIMPULSE

Starte mit leidenschaftlichen
Glücksmomenten, attraktiven Zielen,
freundschaftlichen Begegnungen
und Gottes Segen in das neue Jahr.

Erlaube Dir kreative und weltoffene
Hoffnungsgedanken und staune über
überraschende Sichtweisen.

Lebe aus der Sicherheit, dass Du
mit allen Stärken und Schwächen
ein wertvoller Mensch bist,
der – trotz kleiner Schönheitsfehler –
ein unnachahmliches Individuum ist.

Finde ein Motto für Deine Ziele.

Welche Überschrift
hat Dein neues Jahr?

Sei dankbar für wundervolle Menschen, die Dich auf Deiner Lebensreise begleiten und Erfahrungen mit Dir teilen.

Was ist momentan Dein größter Wunsch?

Nutze Deine Leidenschaft als kleinen Zünder, der deine Motivation auf Touren bringt.

Lenke deine Gedanken bestimmt und geduldig zum Himmel und vergiss nicht, dass Gott an deiner Seite ist.

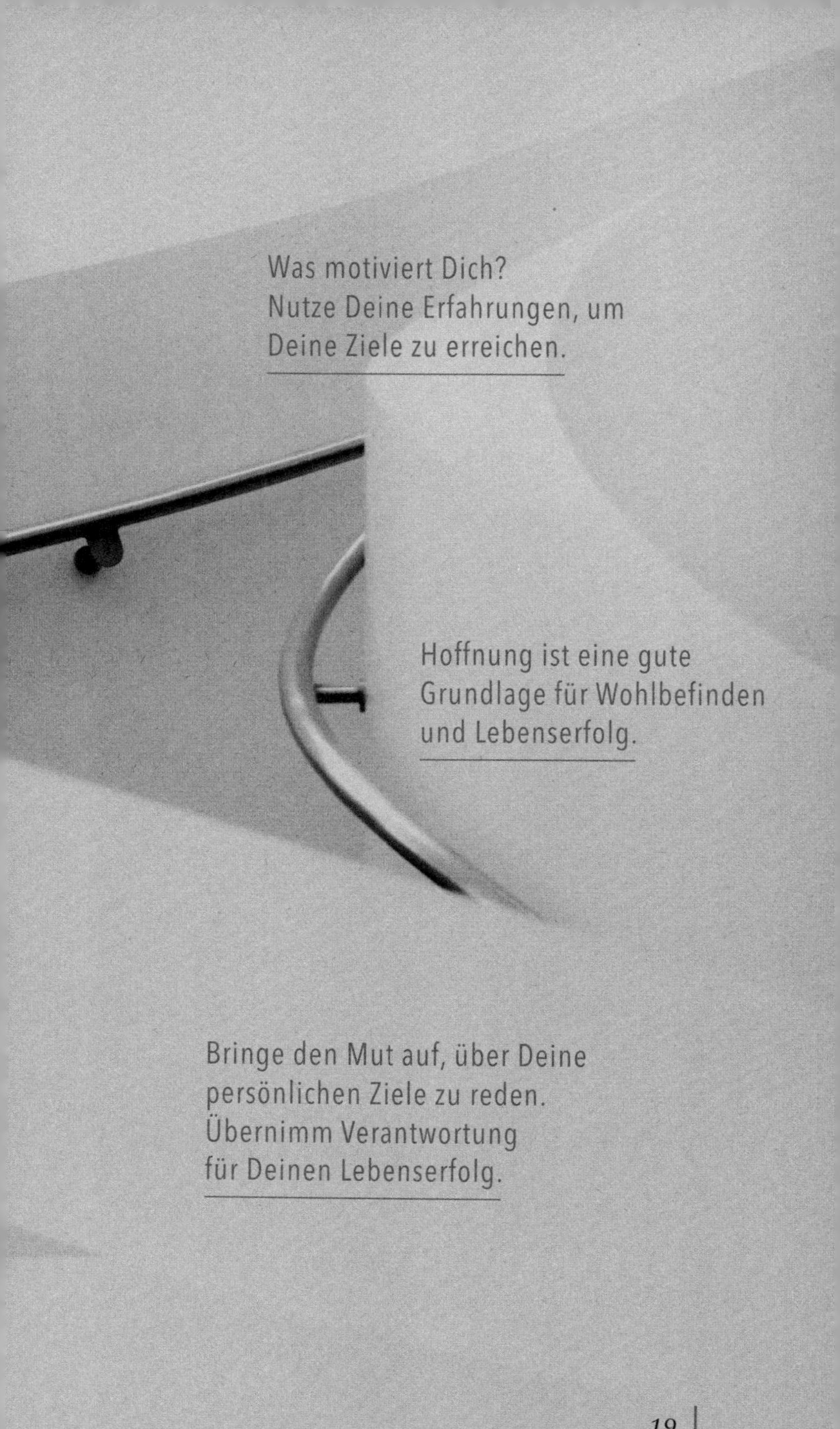

Was motiviert Dich?
Nutze Deine Erfahrungen, um
Deine Ziele zu erreichen.

Hoffnung ist eine gute
Grundlage für Wohlbefinden
und Lebenserfolg.

Bringe den Mut auf, über Deine
persönlichen Ziele zu reden.
Übernimm Verantwortung
für Deinen Lebenserfolg.

Glaube an die Attraktivität eines einfachen Lebens und nicht an die Versprechen kommerzieller Meinungsmacher.

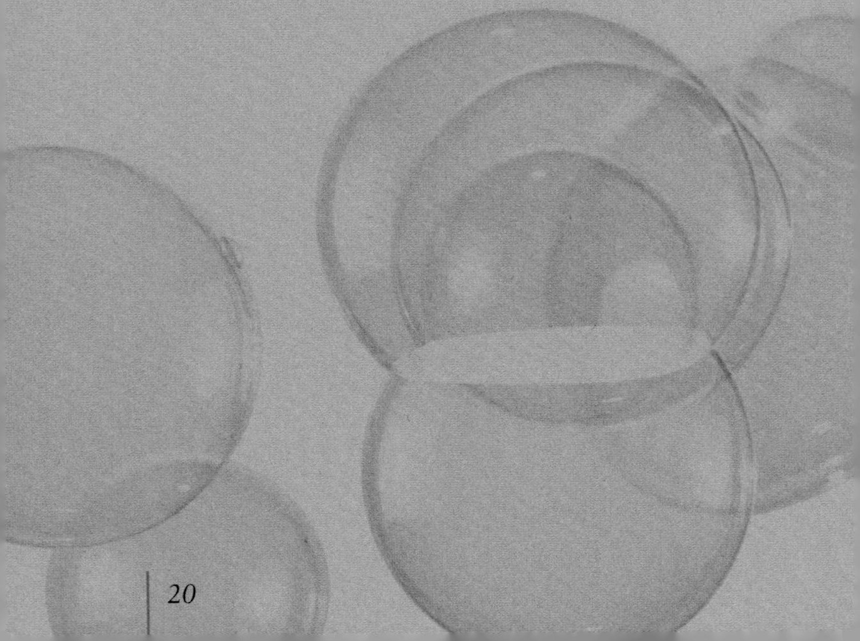

Du brauchst mehr als kluge Sätze
auf einem Blatt Papier, wenn Du die
Entscheidung getroffen hast, etwas in
Deinem Leben zu ändern oder einen
komplett neuen Weg einzuschlagen.

Suche Dir Unterstützer, die Dich
auf Deinem Weg ermutigen und
vor überzogenen Vorstellungen warnen.

Intensiv zu leben, heißt nicht,
viel zu tun, sondern nach starken und
eindrucksvollen Momenten zu suchen.
Am Ende zählt nicht die Weite,
sondern die Tiefe des Lebens.

Lachen gewinnt! Dankbarkeit tut gut!
Erkenne es und setze es um!

Male Dir Deinen Erfolg und Deine Motivation in aller Ausführlichkeit aus und mache Dir auf diese Weise Lust, Deine Ziele anzugehen und zu erreichen.

Immer dann, wenn Du ein angenehmes Kribbeln im Bauch spürst oder Deine Augen leuchten, bist Du wahrscheinlich einer guten Idee auf der Spur.

Die innere Stimme hilft Dir, in komplexen Zusammenhängen den Durchblick zu behalten und richtig zu handeln. Diese Erkenntnis beruht auf wissenschaftlichen Studien.

Höre auf Deine Intuition.
Das Bauchgefühl oder die innere Stimme sind die besten Ratgeber, die Dir zur Verfügung stehen.

Jeder Tag braucht Freiräume und Unterbrechungen, damit Du klar sehen kannst. Lass Dich nicht unter Druck setzen, wenn Du Klarheit für Entscheidungen benötigst.

Kritik kann ein Geschenk sein, wenn sie Leben unterstützt und Achtung ausdrückt. Sie hilft, klar zu denken und weise zu entscheiden.

„Go slow und win the race", sagte ein Fahrer nach einem Sieg bei der Autorallye Paris-Dakar über sein Erfolgsgeheimnis.

Jenseits aller Planungen wartet jedes Jahr mit vielen Überraschungen auf Dich. Für Unvorhergesehenes brauchst Du Zeit. Das neue Jahr wird im wahrsten Sinne des Wortes EIN-malig.

Bei Gott gibt es keine einfachen Gleichungen, aber viel Kreativität, Abenteuer und Geheimnisse. Diese Kombination macht das Leben reich, fördert Verantwortung und schenkt Vertrauen.

Fühle Dich ganz daheim
in Deinem Leben.

Gehe jeden Morgen direkt vom Bett aus zu Deinem Lieblingsplatz und erlaube Dir eine Viertelstunde „schönes Leben" zu genießen, bevor Du Dich vom Rest des Tages überraschen lässt.

Ich wünsche Dir eine 365-Tage-Lebensreise, die Du in keinem Reisebüro buchen kannst. Schöne Erlebnisse, die in kein Bild passen, sollen Dich erwarten und viele berührende Momente Dein Herz füllen.

Es gibt so viele inhaltsleere Gewohnheiten, die zum Automatismus geworden sind. Nutze diesen Tag, um Deine Gewohnheiten zu hinterfragen. Das hält Prozesse in Bewegung, macht das Denken lebendig und fördert die Lebensfreude.

Für eine dauerhafte Veränderung brauchst Du positive Gefühle. Echte Veränderungen schafft nur der, der seinen Veränderungswunsch mit positiven Emotionen unterstützt. Nur dann werden Ziele handlungswirksam.

Februar: Kompetenz zeigen

Ich wünsche Dir viele, viele Kritzelzettel als Deine ständigen Begleiter, um Gedanken und Ideen – ohne Ordnung und Anspruch auf Perfektion – festzuhalten. Sei überall mit wachen Augen dabei, wenn Dir das Leben gute Ideen schenkt, so dass es abwechslungsreich und sensationell wird. Habe den Mut zu außergewöhnlichen Eigeninitiativen. Sie sind die Krönung wunderbarer Projekte, die auch andere anstecken und aus denen solidarische Gemeinschaften wachsen.

Unterwegs mit leichtem Gepäck und Kompetenz

Auf Dienstreisen fahre ich gerne mit der Bahn. Wenn die Strecken zu weit sind, ist das Flugzeug für mich die ideale Möglichkeit, entspannt anzukommen. Das Leben und die Lebendigkeit der Flughäfen, die unterschiedlichen Menschen in den Warteschlangen und das Prickeln beim Starten und Landen sorgen bei mir für gute Laune.

Geduldsprobe im Unterwegssein

Nur eine Situation bringt mich regelmäßig auf die Palme. Nach der Landung kann ich es kaum erwarten, meinen Koffer vom Gepäckband zu nehmen, um zügig das Hotel zu erreichen. Dann stehe ich ungeduldig und voller Erwartung vor dem noch stillstehenden Transportband und warte darauf, dass es sich endlich bewegt, um die ersten Gepäckstücke freizugeben. Ich nehme es fast immer persönlich, wenn ich länger als der Durchschnitt warten muss.

Es wäre durchaus möglich, dass mir mit meinem „Stresshirn" Folgendes passiert:
Ich schnappe mir einen Koffer und stelle im Hotel fest, dass das Rechteck auf Rollen nicht mir gehört. Es sieht aus wie mein Koffer, aber der Inhalt ist eindeutig nicht meiner: Herrenkleidung in XXL und Schuhe in Größe 46. Puh, das darf doch nicht wahr sein! Mal angenommen, diese Situation wäre real. Was würdest Du an meiner Stelle tun? Ich würde auf jeden Fall zum Flughafen fahren, meinen „Kopf unter den Arm nehmen" und den Fluggast um Entschuldigung bitten, der auf den „Volltrottel" mit seinem Koffer wartet.

Überlege Dir kleine Details und betrachte Deine Wünsche als Geschenke des Lebens, die ernst genommen werden wollen.

Neuorientierung im Unterwegssein

Im Coaching schlägt mein Herz für Persönlichkeiten, die Neuorientierung in schwierigen Lebenssituationen suchen. Ihnen erzähle ich zu Beginn unserer Zusammenarbeit die fiktive Koffergeschichte und übertrage sie auf ihre Situation. Da ist jemand mit schwerem Gepäck unterwegs und lebt aus einem Koffer, den andere für ihn gepackt haben. Langeweile, mangelnde Perspektiven im Beruf, Burnout, Beziehungskrisen, Arbeitslosigkeit oder andere Themen sind überflüssige Gepäckstücke, die sich oft unbemerkt breitmachen. Es wird Zeit investiert, um Erwartungen anderer zu erfüllen, und für den Wunsch nach Anerkennung und Erfolg wird das eigene Leben verpasst. Schluss damit! Jede Neuorientierung auf der Lebensreise kostet zwar Kraft, doch fast immer lohnt sich die Mühe. Und das Gepäck wird leichter.

Erste Schritte für neue Alltagszenen

Wenn Du einmal mit liebevollem Blick auf Deinen Lebenskoffer schaust, wirst Du schnell feststellen, dass der Spielraum begrenzt ist. Selbstverständlich kannst Du Dich von überflüssigen Verpackungen und ungebetenen Utensilien trennen. Meist ist das leichter gesagt als getan. Dazu brauchst Du Kraft und Energie. Ich schlage Dir vor, erst einmal den Spielraum zu finden, den Du mühelos selbst gestalten kannst.

Hier darfst Du Dein Gehirn beeindrucken und „Leerstellen“ aufspüren. Damit ignorierst Du die schweren Themen nicht, aber Du arbeitest besser erst an einem Thema, das Du aus eigener Kraft bearbeiten und umsetzen kannst. Das erhöht Deine Widerstandfähigkeit. Schaue konsequent auf Deine eigenen Möglichkeiten. Nur Mut! Experimentieren ist erlaubt. Überlege Dir kleine Details und betrachten Deine Wünsche als Geschenke des Lebens, die ernst genommen werden wollen. Zwischen einem Ende und einem Anfang warten Freiheit und Selbstachtung. Dafür lohnt es sich, den Spielraum nach eigenen Vorstellungen zu gestalten.

Mut zur Kompetenz

Wenn Du einen Koffer mit der Überschrift „ERFOLG“ packen müsstest, was würde auf jeden Fall die Nummer 1 auf Deiner Packliste sein? Die professionelle Antwort wird Dich sicher nicht überraschen. Die Nummer 1 heißt Kompetenz. Aber gehst Du auch professionell damit um? Ich verstehe darunter die Fähigkeiten, für die Du Komplimente bekommst und denkst: „Das kann doch jeder!“ Fange an, dankbar und mutig über Deine besonderen Talente und Kompetenzen zu reden. Vielleicht fragst Du Dich manchmal in Präsentationen, warum so viele Menschen so viel reden und dennoch so wenig sagen? Und eine innere Stimme sagt Dir: „Das könntest Du besser!“ Nur: Niemand kennt Deine Kompetenzen, weil Du sie nicht zeigst. Dumm gelaufen, aber zu oft bittere Wahrheit!

Einfach anfangen

Nichts verändert Deinen Spielraum so schnell und unkompliziert wie ein mutiger und entschlossener Anfang. Also fang an! Setze Dich an einen gemütlichen Platz und luchse Deiner Zeitplanung eine Stunde ab, um folgende Fragen zu beantworten:

- Welche Dinge gehen mir einfach von der Hand?
- Was kann ich besser als alle anderen?
- Bei welchen Tätigkeiten kann ich die Zeit vergessen?
- Wann fragen Freunde und Kollegen mich um Rat?

Wenn Du diese Fragen schwungvoll beantwortet hast, stellt sich die Frage: Glaubst Du Dir denn auch selbst? In der Fachsprache heißt das „Selbst-Vertrauen". Mit sorglosem Selbstvertrauen kannst Du Deinen Wünschen, Träumen und Bedürfnissen treu bleiben und bist in der Lage, auch schwierige Situationen zu meistern. Zeige in kleinen Schritten Deine Kompetenz und feiere jeden Schritt auf dem Weg zum Ziel. Erlaube Dir eine große Portion Geduld, damit die schnellen Lösungen nicht im „falschen Koffer" Deine Lebensreise unterbrechen.

Gehe voller Vertrauen Deinen Weg, auch wenn vielleicht einzelne Situationen ungewiss sind. Ich wünsche Dir einen hoffnungsvollen und angstfreien Blick für alle Überraschungen Deines Alltags.
Lasse Dich von Deiner Fantasie wach kitzeln und bleibe offen für die Geheimnisse des Augenblicks.

DENKIMPULSE

Laufe dem Glück nicht hinterher, es wird Dir begegnen. Dafür brauchst Du Mut, Gottvertrauen und die Akzeptanz, dass es anders kommen kann, als Du erwartest.

Wenn Kopf und Herz vollgestopft sind, ist kein Platz für Neues. Schade, oder? Trau Dich, Platz zu machen.

Perfektionismus schadet der Kreativität. Kreativität braucht Spaß, Freiraum und Gestaltungsspielräume. Lege Deine persönliche Messlatte nicht zu hoch und genieße Deine Schaffenskraft.

Manchmal ist es besser, die Initiative zu ergreifen, statt über die Umstände zu jammern. Habe den Mut, Deine Lebensthemen bei der Wurzel zu packen.

Wenn Du etwas suchst,
dann frage Dich vorher, WAS.
Trau Dich, konkret zu sein.

Gute Ideen sind immer der Anfang kreativer Überraschungen. Selbst bodenständige Menschen verspüren dann Lust zum Abheben.

Detailverliebtheit kostet Zeit und Kraft. Oft reicht ein guter Rahmen für ein kompetentes Ergebnis.

Schreibe jetzt und sofort Deine Definition von Lebenslust auf. Woran denkst Du spontan?

Denke an Orte, Gegenstände, Symbole oder Erlebnisse, die in Dir Trost, Behaglichkeit oder Freude auslösen.

Zelebriere hin und wieder – mit mutiger Lebenslust – einen Blick auf Deine Geschichte. Sie ist eine Mischung aus Erbe und Modernität, Wagnis und Beständigkeit, Perfektion und Unvollkommenheit.

Wenn Du weißt, wer Du bist, und das auch lebst, bist Du für Deine Mitmenschen eine verlässliche Basis. Auf dieser Basis ist gemeinsames Leben und Arbeiten ein Kinderspiel.

Wo verhindern Erziehung und
Sozialisation, Dich selbst zu entdecken?
Suche den Menschen in Dir, den Gott
geschaffen, befähigt und begabt hat.
Viel Freude beim Entdecken!

Unvollkommenheit ist völlig normal. Verzichte beim Planen auf Perfektion und komme dem Geheimnis der Lebensfreude im normalen „Alltagswahnsinn" auf die Spur.

Ehrliche Beziehungen sind wichtiger als hervorragende Leistungen. Sie sind das Maß aller Dinge und das Wort „Gemeinschaft" ist kein Überbleibsel eines Zauberlandes aus vergangenen Zeiten. Gib Freundschaften Raum und Zeit.

Es geht im Leben nicht darum, pausenlos daran zu arbeiten, Erfolg zu haben. Ein fettes Konto nährt keine Seele. Der Porsche vor dem Haus fährt mit Höchstgeschwindigkeit an Deinem Leben vorbei. Nimm Dir Zeit und beantworte die Frage nach erfülltem Leben. Was bedeutet das für Dich?

Hin und wieder wirst Du Dich mit Kompromissen begnügen müssen. Doch vielleicht wird aus dem „Begnügen" ein „Vergnügen"? Probiere es aus und erlaube Dir Fehler.

Der Satz „Ich habe keine Zeit", ist nicht nur wichtigtuerisch und unhöflich, sondern schlichtweg blödsinnig und überflüssig.

Erfolg fällt nicht vom Himmel. Er ist zudem keine billige Kopie eines anderen Originals, sondern höchst individuell und kreativ. Maßarbeit lohnt sich also.

Jeder Mensch kann mit kreativen Ideen ökonomisch vernünftig handeln. Denke nach und hinterfrage Deine Strategien. Hervorragende Ideen müssen nicht teuer sein.

Viele Standards, die wir festlegen und nach denen wir leben, entpuppen sich bei näherem Hinsehen als stinklangweilige Konvention. Höchste Zeit, mit schnalzender Zunge und kindlicher Neugier für ein Leben ohne Spaßbremse. Was für eine Herausforderung! Und: Was für eine Chance!

Erfolgreiche Menschen
haben fast immer
Interesse und Freude
an ihrem Tun.

Suche eine gute Balance zwischen
Herausforderung und Können.
Dafür brauchst Du Ziele.

Welchen Schubs brauchst Du heute,
um Dinge zu lernen, von denen Du glaubst,
dass Du sie nicht kannst? Schubs!
Los geht's – aber bitte flott!

Es reicht nicht mehr, Trends zu übernehmen und Einstellungen dem Zeitgeist anzupassen. Setze dem Druck der Zeit Deine kluge Antwort entgegen und habe den Mut zur eigenen Lebensplanung.

Schon Hiob wusste, dass nicht alle Berater den richtigen Weg kennen. Finde in Verantwortung vor Gott und Menschen DEINEN Weg.

Bleibe Dir treu und lass Dich vom Leben überraschen.

Miss diesen Tag nicht an der Vielzahl Deiner Aktivität und Beschäftigung, sondern an deren Effektivität. Es geht nicht darum, wie viel du tust, sondern um das, was du mit deinem Tun erreichst.

Halte Dir den Kopf für wichtige Fragen frei und behalte den Horizont im Auge, statt in den Alltagsanforderungen unterzugehen.

März:
Menschen führen

Ich wünsche Dir, dass Du jeden Tag erst das Leben begrüßt, bevor Du aus dem Bett steigst. Es werden viele Situationen auf Dich warten, die um Deine Aufmerksamkeit wetteifern. Verbinde sie mit Deinen Werten und finde einen gemeinsamen Nenner für sie, der Deinem Leben in Fülle dient und Tiefe schenkt.

Bin ich eine Führungspersönlichkeit?

Herzlichen Glückwunsch – Du bist Chef! Dabei ist es egal, ob Du ein „großer" Chef mit Hunderten von Mitarbeitern bist oder ein „kleiner", für den ein oder zwei Menschen arbeiten. Und: Wie hast Du das geschafft? Deinen Charme, Dein Charisma und Dein gutes Aussehen vergessen wir jetzt erst einmal. Denn wenn Du Menschen führen willst, kommt es darauf an, dass Du das, was Du machst, gut machst.

Führungskräfte kennen den Schatz loyaler Mitarbeiter

In fast jedem Erfolg schlummert schon der Keim eines möglichen Misserfolges. Wer in seiner Position als Chef öfter Recht hat, gerät auch in Versuchung, immer öfter Recht haben zu wollen. Zunächst einmal ist das auch gar nicht schlimm. Unglücklicherweise neigt man aber auch leicht dazu, beweisen zu wollen, dass man selbst Recht und jemand anderes Unrecht hat. Mangelnde Loyalität ist oft die Folge.

Willst Du ein guter Chef sein, der sich die Loyalität Deiner Mitarbeiter wünscht, wirst Du sehr wahrscheinlich regelmäßig einen Teil Deines Stolzes opfern müssen. Allerdings solltest Du dafür sorgen, dass jeder Mitarbeiter die Möglichkeit hat, stolz auf seine Arbeit zu sein.
Loyalität entsteht nämlich dann, wenn man bereit ist einzugestehen, dass nur gemeinsam ein großes Ziel erreichen werden kann.

Mao Tse-tung hat einmal gesagt. „Politische Macht wächst aus dem Lauf einer Pistole."
Viele Führungskräfte glauben das heute leider immer noch. Sie führen mit Druck! Ich möchte ein anderes Zitat von Laotse dagegensetzen: „Wenn ein guter Führer seine Arbeit getan hat, werden seine Leute sagen: Das haben wir selbst gemacht."

Menschen lassen sich gerne von echten Originalen führen

Es gibt leider auch viele Führungskräfte, die einen Job treu nach dem Motto annehmen: „Einer muss es ja machen" oder „Jetzt bin ich mal dran" Aber ist das klug? Zu viele Menschen auf Chefsesseln meinen, mit dominanten Worten und Gesten der Aufmerksamkeit ein Team führen zu können. Das ist ein großer Irrtum.

Bevor Du eine Führungsposition annehmen möchtest, empfehle ich Dir, Deine Leitungsqualitäten zu hinterfragen. Du kannst mit exzellenter Fachkompetenz viele Aufgaben hervorragend erledigen. Doch um ein Team zu führen, brauchst Du vor allem emotionale Intelligenz und die Bereitschaft, Dich auf Menschen einzulassen.

Beginne einen aktiven Denkprozess, bevor Du zu einer Führungsaufgabe „Ja“ sagst. Und stelle Dir folgende Fragen:

- Was ist mein Auftrag?
- Welches Ziel verfolge ich?
- Wie kann ich es erreichen?
- Reichen meine Kompetenzen für die Aufgabe?
- Welche Qualifikationen brauche ich, um den Job professionell auszufüllen?
- Bin ich in der Lage, gute und respektvolle Beziehungen aufzubauen?
- Kann ich mit Kritik umgehen?

Verstehen mit Verstand

Führungspersönlichkeiten verfügen über eine gute Mischung aus Charakterfähigkeiten und Kompetenz. Dazu gehört der Mut zum eigenen Stil und überzeugenden Werten, die Mitarbeiter vor allem in ihrem Verhalten wahrnehmen. Einfach gesagt: Die Worte müssen zum Menschen passen! Noch einfacher: Bitte keine Mogelpackung!

Verstehe mich bitte nicht falsch. „Passen“ heißt nicht, es allen recht zu machen, sondern spannende Verbindungen suchen und auch mit kritischen Kollegen die Zukunft gestalten.

Jedes Team ist wie eine weiße Leinwand

Wenn Du Deine Mitarbeiter ernst nimmst, dann schau Dir Dein Team einmal aus der Sicht eines Künstlers an, der vor einer weißen Leinwand steht. Der Künstler sieht schon das fertige Bild und weiß, dass er jederzeit die Möglichkeit zum Gestalten und Verändern hat. Aber nur, wenn das Gesamtbild stimmig ist, werden andere es gerne betrachten.

Verantwortliche Führungskräfte arbeiten nicht gegen eine weiße Leinwand, sondern mit ihr. Nutze die Gestaltungsfläche für interaktive Dialoge und behalte die Mischung der Farben in Deinen Händen. So entstehen lebendige Kontraste und harmonische Varianten.

Gib Deiner Aufgabe eine persönliche Note. Investiere hin und wieder Zeit für gedankliche Umwege und finde eigene Wege und Ideen.

Teile Deine Freude und Begeisterung mit Deinem Team. Tragt die Verantwortung gemeinsam.

Dann bist Du eine gute Führungspersönlichkeit und sorgst für ein meisterhaftes Kunstwerk auf der weißen Leinwand.

DENKIMPULSE

Betrachte Dein Leben ruhig einmal aus einem anderen Blickwinkel, wenn Du unzufrieden bist. Das ist gut investierte Zeit. Es ist ein großer Unterschied, ob Du „Schon wieder Montag!" oder „Danke für meine Arbeit" sagst.

Gute Arbeit dient dazu, Menschen in Freiheit zu führen und ihre Lebensqualität am Arbeitsplatz zu erhöhen. Sie verzichtet auf Machtmissbrauch und Ausbeuterei. Es ist deine Aufgabe, eine gute Balance zwischen den Unternehmenszielen und menschlichen Bedürfnissen zu schaffen.

Mitarbeiter brauchen Führungskräfte, die bereit sind, mit möglichst vielen, ehrlichen Werten Menschen zu dienen. Wie groß die Verantwortung ist, merkt man immer, wenn niemand sie trägt.

Mitarbeiter sind keine Befehlsempfänger. Schenke ihnen Freiraum und Vertrauen, damit sie motiviert arbeiten können.

Erfolgreiche Führungskräfte sehen in ihren Mitarbeitern Erfolgsfaktoren und keine Kostentreiber oder Störfaktoren.

Es gibt viele Menschen, die sich heute auf Deine Aufmerksamkeit und ein Lächeln freuen. Also lächle und schätze die gute Arbeit Deiner Mitarbeiter.

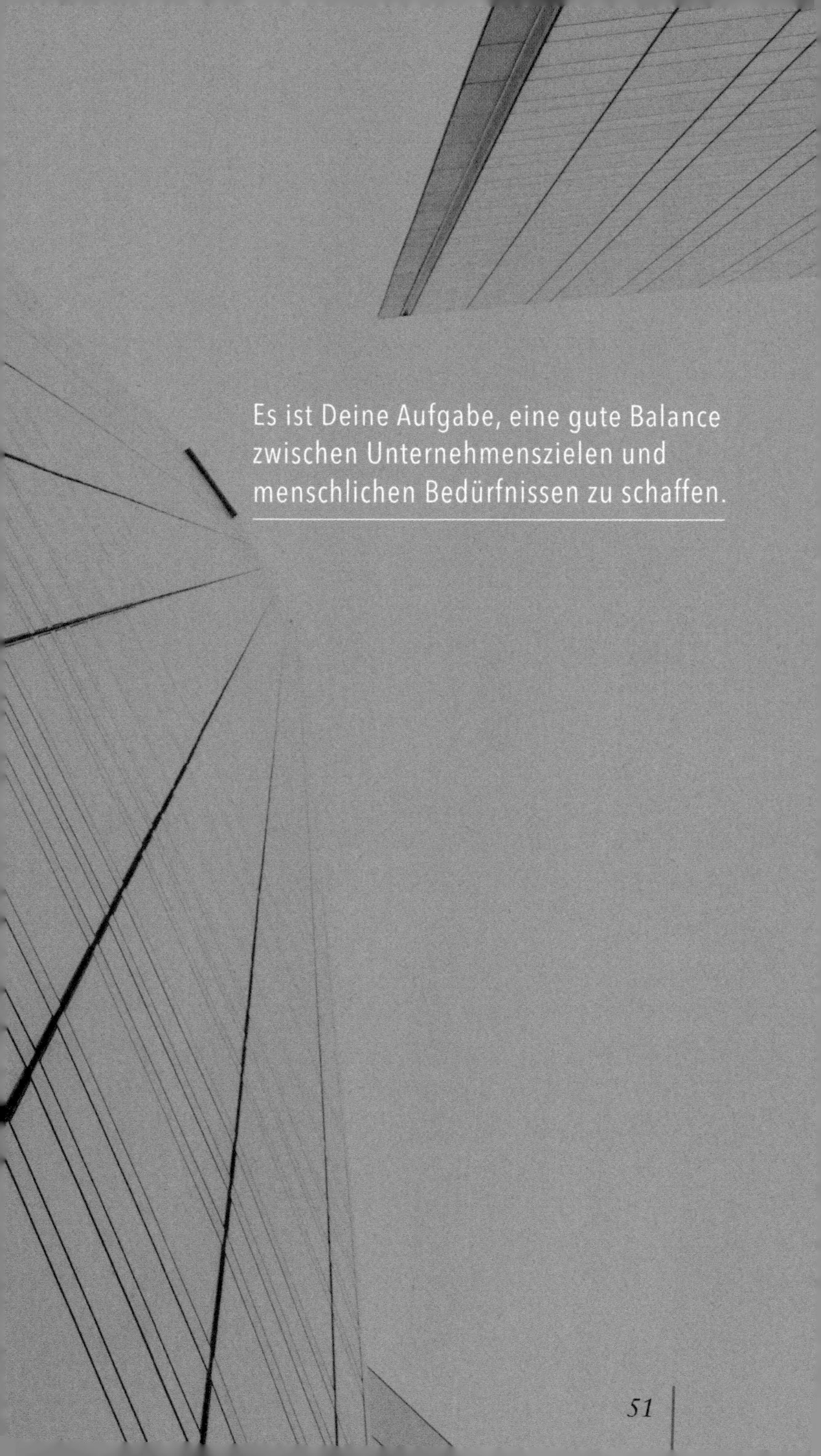

Es ist Deine Aufgabe, eine gute Balance zwischen Unternehmenszielen und menschlichen Bedürfnissen zu schaffen.

Wer sich selbst gut führt, kann andere führen. Frage nach den Hintergründen für vordergründige Entscheidungen.

Richte Menschen auf und zeige ihnen ihre Stärken. Gestalte die Wirklichkeit mit Respekt und Achtung vor der Würde des Menschen.

Gönne Menschen Lebensfreude und fördere ihr Selbstbewusstsein durch Lob, Interesse und wertschätzende Fragen.

Gesunde und ausgeglichene Mitarbeiter sind das größte Kapital einer Firma.

Ein Team kann die Zukunft gestalten, wenn es bereit ist, Beziehungen zu gestalten. Die Bereitschaft zum offenen und ehrlichen Gespräch bildet dazu die Grundlage. In jedem Gespräch solltest Du daran denken, dass nicht nur das Reden auf die Gewinnerseite gehört, sondern auch das Zuhören.

Geheimniskrämerei ist kollektives Empathie-versagen und macht einsam – sehr einsam.

Fördere mit Deinen Entscheidungen Gerechtigkeit, Lebensfreude, Verantwortungsbewusstsein und Solidarität. Deine Mitarbeiter werden es schätzen.

Vertraue Deinen Mitarbeitern und
sie werden Deine Erwartungen übertreffen.
Die meisten Mitarbeiter gehen mit
„Spiel-Räumen" verantwortungsbewusst um.

Zwangsprozesse, also Vorhaben, Menschen zu verändern, weisen auf Machtausübung hin und nicht auf Führungsqualitäten.

Fehler sind häufig die Grundlage für geniale Erfindungen. Mit einer gesunden Einstellung zur Selbstkritik und der Bereitschaft, aus Fehlern zu lernen, können erfolgreiche Ideen entstehen.

Gib Deinen Mitarbeitern heute die Chance, Ideen auszuprobieren und umzusetzen. Sie werden weniger kritisieren. Eine gute Übung zum Thema Verantwortung.

Führen bedeutet nicht, andere so zu behandeln, wie diese es gerne hätten oder wie es Dir angenehm wäre. Es bedeutet, andere so zu behandeln, dass sie sich entwickeln können.

Handelst Du auch danach, was Du sagst und achtest Deine Mitarbeiter als eigenständige Persönlichkeiten?

Der große Trend im Umgang mit Mitarbeitern heißt „Freiheit". Dafür ist es erforderlich, Vertrauen zu investieren.

Vertrauen kann nicht „angeordnet" werden. Es wird durch „Einüben" entwickelt und braucht Zeit.

Schaffe in Deinem Umfeld Transparenz. Was bedeutet für Dich das Wort „Transparenz" und wie kann es umgesetzt werden?

Bist Du mit dem, was Du sagst und tust, ehrlich?

Heitere Gelassenheit hilft bei fast jedem Richtungswechsel.

Lebenserfahrung hilft, Situationen zu relativieren und weniger auf sich selbst zu sehen.

Benutze Mitarbeiter niemals für Deine Selbstverwirklichung. Denn es geht um Kooperation, wenn ein Team stark werden soll.

Für schwere Entscheidungen brauchst Du ein federleichtes Handling. Werde nicht zum Sklaven der Aufgaben und der Zeit, sondern begrenze den Tag. Finde den Zeitpunkt zum Aufhören. Das gilt auch für sinnlose Debatten und Besprechungen.

Wer führen will, muss Menschen mögen. Jeder Platz, an dem Du stehst, kann zum Erlebnisareal werden, wenn Tradition und Moderne faszinierend miteinander verbunden werden. Probier's aus!

Deine Identität ist mehr als Dein Intellekt. Sei klug, aber denke daran, dass Herzenswärme und Menschlichkeit nötig sind, wenn Du Menschen beeinflussen willst. Gesunder Optimismus ist eine notwendige Voraussetzung, um Ziele zu erreichen.

April:
Veränderungen gestalten

Ich wünsche Dir einen weiten Horizont für neue Ziele und einen guten Kurs für Deine Sehnsucht. Fahr in Gedanken aufs Meer, setze die Segel und genieße die Reflektion, die das Meeresblau Dir mit seinen Bewegungen schenkt. Das kann streng oder lässig, mutig oder schüchtern, bewegend oder still wirken. Ein offenes Herz und wache Augen dürfen der Wind auf Deiner Lebensreise sein und göttliche Gnade soll mit heiligen Brisen für eine gute Fahrt sorgen.

Tapetenwechsel – Mut zur Veränderung

Gehörst Du auch zu den Menschen, die unzufrieden mit sich und den Umständen sind, die ständig Werturteile über sich und andere fällen?
„Ich brauche einen Tapetenwechsel“, sagen Menschen, wenn sie Lust auf Neues haben oder wenn die Lebensmitte daran erinnert, dass es doch „mehr geben muss, als ...“. Selten denken sie in diesem Zusammenhang an die Renovierung ihrer Wohnung. Dennoch ist ein persönlicher „Tapetenwechsel “ vergleichbar mit einer Wohnungsmodernisierung.

Hausbesichtigung mit Liebe zum Detail

Wenn Du Dir unbeschwerte Neuanfänge wünschst, wirst Du auf eine Hausbesichtigung der besonderen Art kaum verzichten können. Mein Lieblingszitat von Karl Valentin passt dazu wunderbar: „Heute Abend gehe ich mich besuchen, hoffentlich bin ich zu Hause.“ Bist Du bei Dir zu Hause? Eine Frage, die nicht leicht zu beantworten ist. Und wenn ja, kennst Du die Winkel und Ecken in Deinem Lebens-Haus?

Besuche Dich doch heute Abend einmal und nimm folgende Begleiter mit:

- Schonende Intensität, die Wandel und Veränderung angemessen zulässt
- Wohltuende Wahrheiten, die auf moralische Zeigefinger verzichten
- Satte Aufmerksamkeit, die zum Hoffnungsbringer wird
- Kreative Anschauungsweisen, die deine Alltagswirklichkeit neu beleuchten
- Neue Gedanken, die alte Glaubenssätze ersetzen können
- Akzeptanz, die den Wechsel zwischen Grenzen und Möglichkeiten beachtet

Finde einen nahen Ort, an dem Du die Schauplätze Deines Lebens für eine begrenzte Zeit verlassen kannst. Nimm Dein Herz mit und binde es an verlässliche Wahrheiten und Werte.
Mir hilft die Gewissheit, dass ich von Gott geschaffen und geliebt bin und dass meine Würde unantastbar ist. Sein unzerstörbares „Ja“ hilft mir, mich von Sorgen und Kritik nicht beherrschen zu lassen. Gleichzeitig ist diese Gewissheit auch Mahnung, andere Menschen aus dieser Grundhaltung heraus zu sehen, um mit ihnen gute und erfüllende Beziehungen einzugehen. Jede Veränderung braucht Abschied und Würde, aber bitte nicht auf Kosten anderer.

Den Besen schwingen

Denke konkret darüber nach, welche Lebensbereiche darauf warten, behutsam instand gesetzt zu werden. Gehe wertschätzend und aufmerksam durch alle Lebensräume und mache eine Bestandsaufnahme. Was ist zu voll und verhindert so den Durchblick? Welche Stolperkanten verhindern feste Schritte? Denn wenn jeder flotte Schritt Staub aufwirbelt, sind gute Aussichten kaum zu erwarten, oder? Da ist dann entschlossener Kehraus angesagt und der Besen freut sich auf seinen beschwingten Einsatz.

Deine alten Gewohnheiten werden Dich übrigens begleiten. Sie sind still und einfallsreich. Schritt für Schritt, leise und zärtlich werden sie um Aufmerksamkeit buhlen und Dich einladen, in alten Mustern zu verweilen. Das ist völlig normal und sollte Dich nicht überraschen. Im Gegenteil: Dein Gehirn will Energie sparen und geht Wege, die ihm vertraut sind. Alles, was „neu“ ist, wird von der großen Denkzentrale mit „komisch“ oder „falsch“ bewertet. Das ist häufig der Grund dafür, dass das „Neue“ nur das „Alte in anderer Farbe“ ist.

Schaffe Platz und verabschiede Dich von der Illusion, zwischen Tür und Angel „mal eben“ Dein Leben neu zu gestalten. Treu nach dem Motto: Es muss sich was ändern, aber flott!
Leider funktioniert das in den seltensten Fällen und anstelle von farbenfrohen Perspektiven wartet eine kalte Dusche auf Dich. Die kann zwar sehr erfrischend sein, aber ich könnte gut darauf verzichten.

Frische Farben für neue Ansichten

Jeder Lebensraum hat seine eigene Kombination aus Belastungen, Überraschungen, Ermutigungen und Kränkungen, Klage und Lob, Kritik und Wertschätzung. Traditionelle Ansichten und rustikale Überzeugungen treffen auf verrückte Sehnsüchte und geheime Wünsche. An jedem Schritt und dem kleinsten Quadratzentimeter in unserem Lebenshaus sind wir beteiligt und können entscheiden, ob wir mit Druck oder mit engagierter Gelassenheit eine persönliche Veränderungschance suchen.
Erlaube Dir unbeschränkte Spielräume und übernimm Verantwortung für die Farbe in Deinem Leben. Stell Dir vor, wie Du bei einem Maler Deine Farbe mischen lässt. Ich denke jetzt an gefühlte eine Million Farbmuster in jedem Baumarkt, die in unzähligen Variationen auf eine Entscheidung warten.

Wenn Du jetzt in diesem Moment Lust hast, konkret zu werden, dann traue Dich sofort und unmittelbar – jenseits aller Erwartungen – an Deine eigene Farbauswahl. Hier geht es weniger um „Rot“ oder „Grün“, sondern um Deine Bedürfnisse. Schreibe auf eine Farbkarte, was Du für ein erfülltes Leben brauchst, und verzichte auf falsche Bescheidenheit. Benenne anschließend – ohne Scham – die endlose Vielfalt Deiner Talente, die dir für die Umsetzung Deiner Pläne zur Verfügung stehen. Produziere leuchtend bunte Gedankenkleckse und lade die kreative Unvernunft in Deine Gedankenwelt ein. Pinsel eine stimmige Komposition mit Liebe zur Veränderung und dem Bekenntnis zur Individualität.

Ran an die Rolle

Beim Renovieren ertappe ich mich immer wieder dabei, dass mir beim ersten Pinselstrich Zweifel aufkommen. Trotz bester Vorbereitung und umsichtiger Planung bin ich mir nicht sicher, ob das Ergebnis mir gefallen wird. Dann gebe ich mir einen Ruck und vertraue auf meine Intuition, fange an und sage mir: „Wenn's gar nicht gefällt, kann ich noch mal anfangen." Dieser Gedanke ist meine persönliche Notfallstrategie und erlaubt mir eine Korrektur, falls nötig. „Ohne Anfang geht gar nix!", würde jetzt mein Mann sagen. Recht hat er und bringt mich mit diesem Satz in Bewegung. Also, fang an!
Schreib alles auf, was Dir in den Sinn kommt. Entdecke Deine Ressourcen. Bewerte Deine Ideen und Gefühle nicht. Nimm Dich mit einem liebevollen Gefühl wahr und verzichte auf Rechtfertigungen. Gib Deiner Seele Freiräume und erlaube Deinem Gehirn zu arbeiten. Das wird ein wunderbarer Tummelplatz für neugierige Pläne, der von „Ahs" und „Ohs" umgeben ist.

Erlaube Deiner Sehnsucht farbenfrohe Lebensräume, überraschende Zusammenhänge, schöpferische Freude, ausgefallene Knalleffekte und STAUNEN
... über den kleinen Unterschied!

„Wenn's gar nicht gefällt, kann ich noch mal anfangen."

DENKIMPULSE

Wenn Du Dich ständig über dieselben Themen ärgerst, wird es Zeit, Dich von dieser Haltung zu verabschieden. Bündel Deine Kräfte, um Lösungen zu suchen und Standpunkte neu zu bestimmen. Übernimm Verantwortung für Deine Herzensthemen.

Veränderung beginnt mit einer Bestandsaufnahme. Erkenne, wo Du Dich verändern willst, und formuliere möglichst konkret Deine Vorstellungen.

Vorhang auf! Wenn Du im Abenteuer Deines Lebens Deinen eigenen Platz finden möchtest, dann nimm ihn ein und präsentiere dich.

Nimm heute Deine Lebensziele in den Fokus und prüfe, ob Du sie in der Betriebsamkeit der Verpflichtungen unter den Teppich gekehrt hast. Da haben sie nichts zu suchen. Verliere Deine Ziele nicht aus den Augen.

Zufriedene Menschen haben selten kurzfristige Ziele, aber fast immer große Träume. Sie gestalten ihre Zukunft und erlauben der nächsten Generation, die Früchte zu ernten.

Laufe nicht davon, wenn ein Veränderungsprozess auf Dich wartet, den Dir sowieso niemand abnehmen wird. Warte nicht auf Impulse, die sehr wahrscheinlich eine Illusion oder ein unrealistischer Wunsch sind.

Wenn Du etwas gut machen willst, dann wirst Du nicht immer wissen, ob es Dir auch gelingt. Mach's trotzdem und folge Deiner Intuition.

Nimm Dir Zeit, ein offenes Herz und die Bereitschaft zum Hören. Verabrede Dich mit einem Menschen, der Dein Leben reich macht und erzähle ihm von Deinen Plänen.

Finde Dein Maß und verzichte darauf, Dich mit anderen zu vergleichen. Dazu gehört auch, Deine Schwächen zu benennen und zu bejahen. Wuchere mit Deinen Stärken und erlaube Dir die Frage: Was ist meine Triebkraft, meine Hingabe? Worauf bin ich stolz?

Ohne Humor und Fehlertoleranz werden Veränderungen schwer. Häufig führt das zu einer destruktiven Selbstverurteilung. Humor ist ein Weg zur behutsamen Selbstannahme und verzichtet auf Zwang und Druck.

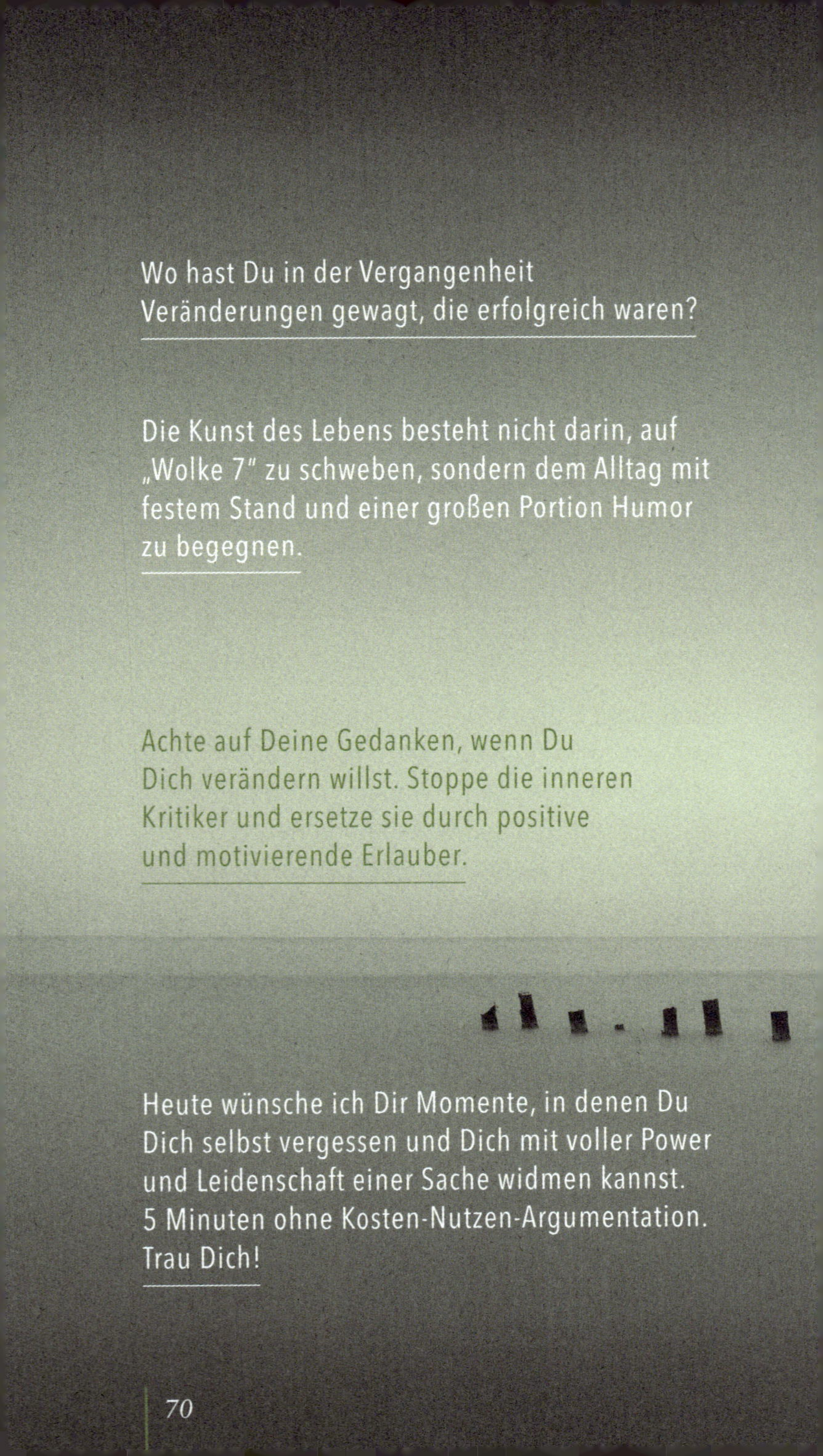

Wo hast Du in der Vergangenheit Veränderungen gewagt, die erfolgreich waren?

Die Kunst des Lebens besteht nicht darin, auf „Wolke 7" zu schweben, sondern dem Alltag mit festem Stand und einer großen Portion Humor zu begegnen.

Achte auf Deine Gedanken, wenn Du Dich verändern willst. Stoppe die inneren Kritiker und ersetze sie durch positive und motivierende Erlauber.

Heute wünsche ich Dir Momente, in denen Du Dich selbst vergessen und Dich mit voller Power und Leidenschaft einer Sache widmen kannst. 5 Minuten ohne Kosten-Nutzen-Argumentation. Trau Dich!

Die meisten Menschen sind von Natur aus „standfest". Aber hin und wieder brauchen sie eine Stütze. Wer ist Deine Stütze? Sag ihr heute mal DANKE.

In schwierigen Situationen lohnt es sich, den Raum in Etappen zu erweitern, um der Seele Schutz zu geben.

Veränderungen brauchen Geduld und Zeit. Wenn Du viele Jahre in Deinen Verhaltensmustern gelebt hast, werden sie sich kaum von einer Sekunde auf die andere auflösen lassen. Begrenze lieber die Anzahl der Veränderungen und entwickle den Mut zu Fehlern.

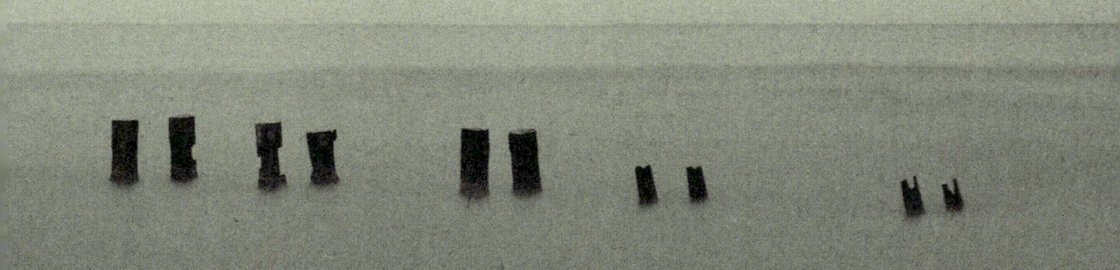

Wo brauchst Du heute Mut zur Wahrheit? Nicht für andere, sondern heute nur für Dich!

Spürst Du eher Herausforderung oder Angst?
Wer könnte Dein Verbündeter sein?

Gehe langsam, Schritt für Schritt, auch dann, wenn der Blick Weite nicht zulässt. Auf dem Weg zu sein bedeutet, unterwegs zu sein. Manchmal lassen Kreuzungen erahnen, dass sich in wenigen Minuten der Blick weitet und eine kleine Oase wartet.

Routine ist der Feind der Veränderung.
Sei heute ein bisschen verrückt und
entdecke Neues, Aufregendes und Heiliges.

Was ist Dein persönliches Wagnis?

Suche heute nach Möglichkeiten,
Situationen und Begegnungen,
die Deinen Tag reich machen. Ändere
einfach mal nur die Blickrichtung.

Bei aller Vernunft solltest Du Deine eigene Lebensmelodie nicht vergessen.

Kreative Menschen haben den Mut, eingefahrene Spuren zu verlassen. Sie suchen Lösungen nicht in der Routine, sondern in der Flexibilität.

Betrachte heute Deine Aktivitäten anders als gewohnt und hoffe auf neue Einsichten. Benenne Deine Gitterstäbe im Gehirn und schenke Deinen Wünschen und Gedanken Freiheit.

Etwas im Leben anzupacken und zu verändern, braucht Kraft und eine optimistische Einstellung. Kennst Du Deine persönlichen Kraftquellen?

Jeder Tag bietet Dir unendliche Möglichkeiten. Mit dem Mut zur Selbstständigkeit und einer Prise Humor kannst Du sie nutzen und zum Segen werden lassen. Also: Augen auf!

Was kann Dich begeistern?
Wofür willst du brennen?

Wann wirst Du Verantwortung für den ersten kleinen Schritt übernehmen?

Was kannst Du heute dafür tun, um in Deinem Umfeld verkrustete und staubige Traditionen aufzubrechen und Veränderungen einzuleiten?

Mai: Intuition zulassen

Ich wünsche Dir jeden Tag den Blick für das Wunderbare, Erstaunliche und Eigenartige. Finde Orte, an denen Du aufatmen kannst. Dort soll Gottes Liebe Dein Herz erreichen und Dir kraftvolle Momente für Deine Aufgaben schenken.

Das Geheimnis guter Entscheidungen

Wenn Gefühl und Verstand aus dem Vollen schöpfen

Neulich war ich auf einer Feier und einer der Gäste sagte: „Lasst uns ein Spiel spielen." Jeder, der mich näher kennt, weiß, dass ich fast alles lieber mag als Gesellschaftsspiele. Nur Sport finde ich noch unangenehmer. Außer mir waren alle begeistert und ich hoffte nur noch still und leise, dass nicht Karaoke aus dem Hut gezaubert wird oder psychologische „Was wäre wenn-Karten". Ich schluckte tapfer meine Gefühle und hoffte, möglichst beschwingt, den Abend zu überstehen. Im Hintergrund ertönte eine Stimme: „Lasst uns etwas spielen, was wir von Kindergeburtstagen kennen." „Ach Du meine Güte", dachte ich, „das wird ja immer schlimmer." Mein Traum von einem entspannten Abend mit fröhlicher Stimmung zerplatzte in nur einer Minute. „Augen zu und durch!", schoss es mir durch den Kopf, um die Spirale aus unangenehmen Gedanken und Gefühlen zu durchbrechen.

Spontan sagte der Erste aus der Runde: „Ich packe meinen Koffer und nehme eine Flasche Wein mit." Nummer Zwei ergänzte: „Ich packe meinen Koffer und nehme eine Flasche Wein und einen französischen Käse mit." Na ja, es hätte schlimmer werden können. Sicher kennen Sie dieses Gedächtnisspiel, oder? Plötzlich entstand kreativer Wildwuchs. Zum Käse und Wein gesellten sich noch weitere Delikatessen, bis jemand auf die Idee kam, das Gefühl mit auf die Reise zu nehmen und der nächste Reisende auf jeden Fall dem Verstand einen Platz im Reisegepäck einräumen wollte. Innerhalb weniger Sekunden war das Spiel zu Ende. Eine angeregte Diskussion folgte.

Brauchen Entscheidungen Gefühl oder Verstand?

„Wozu braucht man das Gefühl?", fragten die Einen. „Vergiss den Verstand", sagten die Anderen. „Brauchen Entscheidungen überhaupt Gefühl?" „Natürlich! Was sonst! Wir sind doch schließlich aufgeklärte Menschen und nicht so naiv wie Menschen, die einfach alles glauben, was Meinungsmacher von sich geben."

Wirklich?

> Welche Requisiten braucht der Mensch in seinem Lebenskoffer für gute Entscheidungen und gelingendes Leben?

Welche Requisiten braucht der Mensch in seinem Lebenskoffer für gute Entscheidungen und gelingendes Leben? Führt allein logisches Denken zu einer Entscheidung oder sollten wir nicht auch auf unser Herz hören, wenn es um wichtige Entscheidungen geht?
Diese Fragen sind nicht leicht zu beantworten, aber Neurowissenschaftler sind sich einig, dass Gefühle den Verstand bei seiner Entscheidungsarbeit unterstützen und deshalb unverzichtbar sind.

Es lebe die Vernunft

Es gibt immer den traditionellen Weg der Vernunft. Hier findet sich ein großer Teil des strategischen Denkens wieder. Kopfmenschen durchdenken und analysieren jede Herausforderung und sind stolz auf ihren klaren Verstand. Nach der Entscheidungstheorie der „höheren Vernunft" werden viele Informationen gesammelt und bewertet, bis sich eine richtige Lösung entwickelt hat. Hier stellt sich die große Herausforderung, einen angemessenen Zeitpunkt für eine Entscheidung zu finden. Im normalen Alltagswahnsinn muss fast jeder Vernunftmensch anerkennen, dass er niemals alle Informationen zur Verfügung hat, die ihn seine Suche nach ausreichenden Informationen einstellen ließe. Viele Kopfmenschen laufen Gefahr, dafür mehr Zeit als angemessen zu investieren. Das Wort „Entscheidungsstau" könnte jetzt in Deinen Gedanken auftauchen und ein bestimmtes Gefühl in Dir hervorrufen.
Gefühl? Ja, Gefühl!

Ein Hoch auf die Intuition

Der amerikanische Neurologe Antonio R. Damasio weist darauf hin, dass das Gehirn sich nicht immer an die reine Vernunft hält. Vor allem, wenn Menschen sich in Sekundenschnelle entscheiden müssen. Er untersuchte hirnverletzte Patienten und stellte fest, dass rationale und vernünftige Entscheidungen nicht möglich sind, wenn Zonen der rechten Gehirnhälfte beschädigt sind. In der rechten Gehirnhälfte werden im limbischen System, vor allem im Mandelkern, Informationen aus dem Körperinneren verarbeitet. Damasio sagt, „dass die Vernunft möglicherweise nicht so rein ist, wie die meisten Menschen denken oder wünschen, dass Gefühle und Empfindungen vielleicht keine Eindringlinge im Reich der Vernunft sind, sondern zu unserem Vor- und Nachteil in ihre Netze verflochten sein könnten."

Das klingt ein wenig kompliziert, ist aber nichts anderes als ein Lob auf die menschliche Intuition. Mir fallen sofort viele Beispiele ein. Wenn meine Kinder mich mit großen Augen angeschaut haben und mir irgendwelche Märchen erzählen wollten, habe ich sofort gespürt, dass diese kleinen „Quälgeister" mir nicht die Wahrheit sagten. Oder wenn ich als ahnungslose Kundin eine Krankenversicherung oder einen Handyvertrag benötige, kann ich aus meinem Verstand heraus nicht beurteilen, ob der Berater die Wahrheit sagt oder nicht. Dennoch habe ich ein „gutes" oder ein „schlechtes" Gefühl, das ich mit meinem Verstand nicht erklären kann.

Um kluge Entscheidungen treffen zu können, brauchen wir beides: einen klaren Verstand und ein warmes Herz!

Ich arbeitete viele Jahre als Wertpapierberaterin und musste mich damit abfinden, dass ich für die meisten Kunden im Erstgespräch eine „Verbrecherin“ war. Das habe ich ihnen nicht übelgenommen, weil viele von ihnen schlechte Erfahrungen gesammelt hatten. Dennoch „fühlten“ sich die ersten Beratungsminuten für beide Seiten nicht gut an.
Und wer entscheidet sich schon aus vernünftigen Gründen für seinen Ehepartner? Das wäre vielleicht manchmal besser, passiert aber fast nie.

Für viele Fragen des Lebens gibt es nicht den perfekten Tipp oder den passenden Ratgeber.
Gefühl und Verstand bilden eine muntere Truppe, die viel Raum beim Denken benötigen. Manchmal kämpfen sie um Platzvorteile, aber es kommt immer darauf an, dass beide sinnvoll eingesetzt werden, um Lebensziele zu erreichen.

Es gibt keine Garantie für richtige Entscheidungen. Und: Fehler gehören zum Leben. Um kluge Entscheidungen treffen zu können, brauchen wir beides: einen klaren Verstand und ein warmes Herz!

Ist doch logisch, oder?

DENKIMPULSE

Nutze heute jede Gelegenheit, Neues auszuprobieren. Schaffe kleine Effekte oder große Szenen. Alles ist möglich. Die Gedanken sind frei. Staune, was sich ereignet.

An jedem Tag kannst Du schöne Dinge erleben. Wunderbare Erlebnisse mit kraftvollen Glücksmomenten und kunstvoll gestaltete Naturschauspiele. Halte an, schau in den Himmel und lass Dich überraschen.

Es gibt keine Erfolgsgarantie für jede Entscheidung, aber der Verzicht auf Entscheidungen ist in der Regel ein großes Versäumnis.

Wie viel Zukunftsmusik spielt in Deinem Kopf? Bescheidene Ziele sind besser als gar keine. Finde eine Melodie, deren Tempo der Realität angepasst ist und deren Takt Deinem Charakter entspricht.

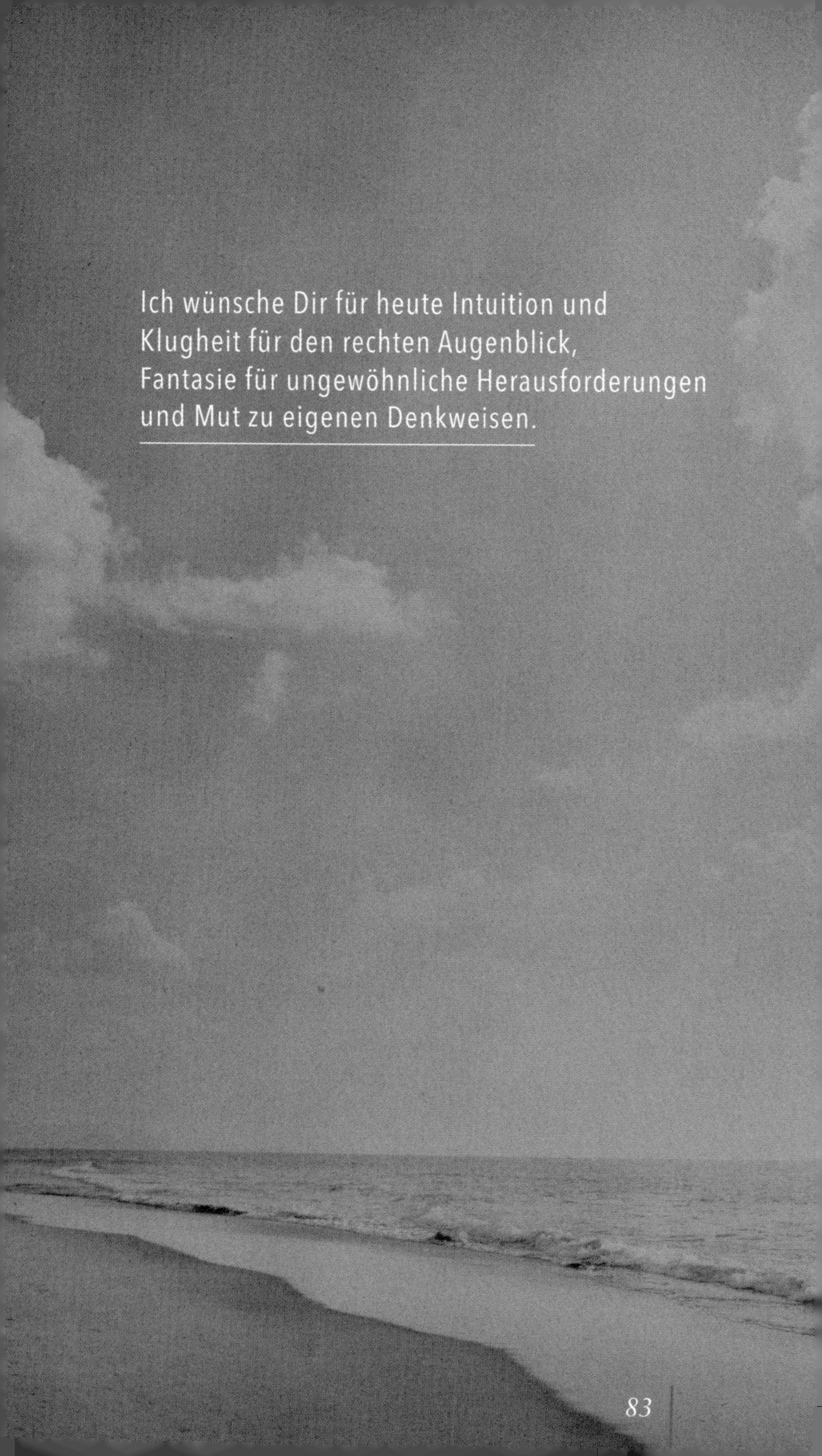

Ich wünsche Dir für heute Intuition und
Klugheit für den rechten Augenblick,
Fantasie für ungewöhnliche Herausforderungen
und Mut zu eigenen Denkweisen.

Dein Leben kannst Du
Dir nicht aussuchen,
aber gestalten.

Denke heute an unvergessliche und schöne Erinnerungen und erlebe dabei Deine persönliche Wertschöpfung und Lebensrendite.

Die Verantwortung für Dein Leben
wird Dir niemand abnehmen.

Wo ist heute Deine Entscheidungskompetenz gefragt? Wer braucht Deine Klarheit oder innere Stärke? Finde heraus, wo Du Verantwortung übernehmen willst. Deine Kinder, Freunde, Ehepartner und Kollegen haben es verdient.

Fördere in allem, was heute auf Dich wartet, den Dialog. Dadurch kannst du auf Alleingänge verzichten.

Heute ist kreativer Chaostag. Wenn Chaos die Quelle der Kreativität ist, wirst Du heute viel erleben. Entfache ein Feuer der Begeisterung.

Das Grundvertrauen in Deine Kompetenz musst Du Dir immer wieder neu erarbeiten. Finde dafür außergewöhnliche Wege und facettenreiche Standpunkte jenseits der Standards.

In Pausen und in stillen Momenten können Lösungen auftauchen und Geistesblitze entstehen. Donnerwetter? Nein, „Donner-Denken". Da blitzt was im Kopf. In Zeiten der Muße spielt Dein Gehirn.

Sei heute sichtbar, mal direkt, mal diffus und weiträumig interpretierbar, hin und wieder sensibel und auf jeden Fall authentisch. Arbeite differenziert an einem Thema und beschränke auf keinen Fall Deinen Geist. Die Vielfalt der Betrachtung macht aus der kreativen Gestaltung vielleicht einen „kreativen Gestalter".

Versuche nicht, es allen Recht zu machen. Frage nicht danach, was andere über Dich denken, was sie erwarten oder möchten. Erhalte Deine Würde und stehe zu Deinen Werten. Suche nicht gnädige Menschen, sondern den gnädigen Gott.

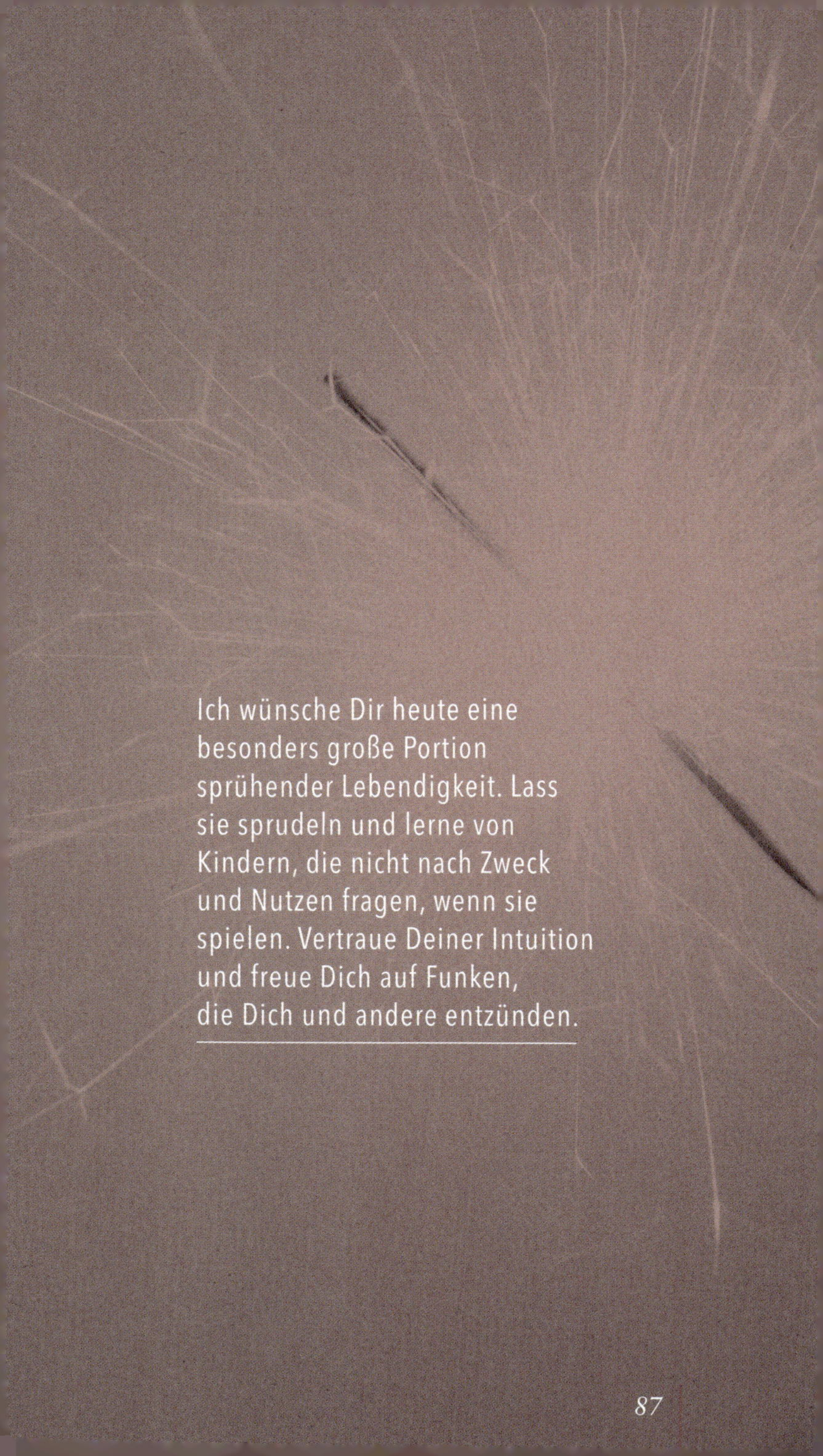

Ich wünsche Dir heute eine besonders große Portion sprühender Lebendigkeit. Lass sie sprudeln und lerne von Kindern, die nicht nach Zweck und Nutzen fragen, wenn sie spielen. Vertraue Deiner Intuition und freue Dich auf Funken, die Dich und andere entzünden.

Du brauchst Grenzen, um Dich vor Überforderungen zu schützen. Grenzen helfen beim „Ja-Sagen" und beim „Nein-Sagen". Sorge dafür, dass Du in Deinen Entscheidungen Deine Werte spüren kannst, die Dir Luft zum Atmen schenken und Entscheidungen erst sinnvoll machen.

Grenzen führen Dich und andere in sichere Beziehungen. Doch sie wollen aus innerer Freiheit gesetzt werden und brauchen einen weiten Raum.

Für seelische Prozesse gibt es keinen Zeitplan. Nimm Dir Zeit für Entscheidungen und erlaube Dir den Mut zur Verzweiflung.

Manchmal genügt ein besonderer Moment, um die Routine zu unterbrechen. Zarte Eindrücke lassen Dein Herz springen und schenken Dir schöne Gedanken. Genieße diese Momente und höre auf Deine Intuition, wenn sie sich leise ankündigen.

Durch Dein Gehirn wandern heute 45.000 bis 50.000 Gedanken. Bestimme ihre Richtung. Das fördert einen guten Dialog im Gehirn. Nur: Dafür gibt's kein Navi.

Habe heute den Mut zum Wechselspiel zwischen Gefühl und Verstand, wenn Du bedeutsame Strategien oder Ideen suchst.

Originelle Ideen werden in Pausen oder beim Spielen produziert. Also: Spiel mal wieder.

Veränderung entsteht nicht im Alltagswirbel. Sie ist die Kür neben der Pflicht und braucht Deine eigene Sichtweise. Es darf auch etwas länger dauern, wenn Neues seinen Platz finden soll.

Nimm einen Stift in die Hand und notiere große und kleine Gedanken – ohne Wertung oder Eingrenzung.

Mutige Menschen
träumen ihre
Kinderträume als
Erwachsene weiter.

Wenn Du etwas entscheiden willst, solltest Du immer den Zusammenhang verstehen. Das kurzfristig Offensichtliche ist selten das Hauptthema. Kläre Deine Sichtweisen, bevor Du weitreichende Entscheidungen triffst.

Nimm Dir Zeit, um Dir über das „Klein-klein" Deiner Gefühlslage klar zu werden. Dann verabschiede Dich von der Illusion, dass jedes Problem mit klugem Menschenverstand lösbar ist.

Ohne Distanz ist Gelassenheit nicht möglich. Sie ist nötig, wenn der Entscheidungsdruck zunimmt.

Bevor Du anfängst, Energie einzusetzen, lerne zunächst, sie zu bewahren. Mache dir klar, wo Du Kraft für sinnlose Gedanken oder Aktivitäten verschwendest!

Juni: Zeitkultur

Ich wünsche Dir einen ganz besonderen Zeitwohlstand, unabhängig von Deinem Kalender. Nimm Dir jeden Tag genussvolle Freiräume und stelle die Logik der Beschleunigung auf den Kopf. Gib Deinem inneren Rhythmus Raum und beschenke Dich mit der lässigen Einstellung, dem Hier und Jetzt Beachtung zu schenken. Schwelge ruhig ab und zu in alten Zeiten und erinnere Dich an besondere Highlights und wohltuende Begegnungen.

Irgendwas ist immer

Zeitkultur in einer beschleunigten Welt

An manchen Tagen ist mein Leben so schön, dass ich mich wie im 7. Himmel fühle. Mit der Arbeit läuft es rund, meine Familie ist glücklich, die Freunde sind entspannt und meine Termine verlaufen reibungslos und störungsfrei. Gute Gespräche wechseln sich ab mit kreativen Gedanken. Kaffeepausen fördern Augenblicke des Glücks und mein Leben fühlt sich erfolgreich und unbeschwert an. Meine Seele leuchtet und ich habe keine Probleme, das Schöne zu kultivieren. Dann fühle ich mich wie eine Genussexpertin, die mühelos die Zeit anhalten kann.

Irgendwas ist immer

An anderen Tagen empfinde ich genau das Gegenteil. Da gelingt mir der Traum von einem entspannten Leben mit fröhlicher Stimmung überhaupt nicht. Hier geben Unterbrechungen den Ton an und manche Themen schmuggeln sich unwiderstehlich in meinen Alltag. Sie bilden eine muntere Truppe fröhlicher Zeitfresser. Die Termine stapeln sich und Nachschub gibt es reichlich. Das Telefon klingelt ununterbrochen und am anderen Ende höre ich: „Kannst Du mal eben ...“. Und was mit „mal eben“ gemeint ist, muss ich hier wohl nicht erklären, oder? Irgendwas ist immer! Und was ergibt bei mir die Summe vieler Überraschungen? CHAOS und unzählige schlechte Gefühle. Peinlich, peinlich, wenn der Coach dann nicht sein eigener Coach sein kann. In solchen Zeiten frage ich mich häufig am Ende des Tages, wo die „Genussexpertin“ wohl aus der Kurve geflogen ist?

Dennoch bin ich froh, dass ich heute den Mut aufbringe, in meinem Kalender den Ton anzugeben.

Zeitkultur in einer beschleunigten Welt

Hin und wieder brauche ich dieses schnelle und chaotische Leben, um mich neu zu strukturieren. Vor allem, weil ich meine Lebensmitte längst überschritten habe und Zeit zu einem wertvollen Gut geworden ist. Mit 30 Jahren bin ich häufig spontanen Einladungen gefolgt, die sich „mal eben“ ergeben haben. Heute suche ich in Begegnungen Qualität und Tiefgang und brauche mehr Freiräume zur Regeneration. Small Talk wird für mich immer mehr zu einem notwendigen Übel, das ich nur noch portionsweise ertragen kann. Erstaunlicherweise habe ich zudem festgestellt, dass ich noch nie Langeweile im Alleinsein empfunden habe, aber jede Menge Langeweile in Gemeinschaft.

Ein zweites Leben gibt es nicht

Zu meinen Herzenswünschen gehört das Alleinsein und heute habe ich den Mut, mir diese Zeiten zu erlauben. Wenn es möglich ist, versuche ich jeden Tag eine Stunde in meinem Garten zu arbeiten. Ich erlaube mir meine tägliche Urlaubsstimmung und Ferienlaune beim Unkrautjäten, Rosenschneiden und Blumenzüchten. Für diese Entscheidung ernte ich häufig Kritik. Dennoch bin ich froh, dass ich heute den Mut aufbringe, in meinem Kalender den Ton anzugeben. Wenn die letzte Seite in meinem Lebensbuch geschrieben wird, möchte ich auch auf selbstbestimmte Stunden zurückblicken und mit einem fetten DANKE mein Leben beenden.

Entscheide Dich für 60 Minuten entspannte Leichtigkeit.

Selbstbestimmt – oder fremdbestimmt?

Jeder Mensch hat ein gutes Gespür für das, was zu ihm passt und die eigene Persönlichkeit widerspiegelt. Immer mehr Menschen kennen eine große Sehnsucht, wie Harpe Kerkeling „einfach mal weg" zu sein. Stress ist aktuell der Wertschöpfungskiller Nummer 1. Die Informatikerin Gloria Mark hat in einer Studie berechnet, dass Büroangestellte im Durchschnitt alle elf Minuten unterbrochen werden. In der Regel dauern die Unterbrechungen länger als 20 Minuten. Wenn Sie sich diese Zahlen mal „auf der Zunge zergehen lassen", dann bedeutet das konkret, dass Büroangestellte mehr Zeit für Unterbrechungen aufbringen als für die eigentliche Arbeit. Wissensarbeiter kennen diese Unterbrechungen auch. Die zarten Klingelzeichen des Computers kündigen mal wieder hunderte von E-Mails im Postfach an, die selbstverständlich sofort bearbeitet werden sollen. Übrigens: Ein Drittel dieser Mails ist für die Arbeit nicht relevant.
Lothar Seiwert beschreibt in seinem Buch „Ausgetickt", dass es nicht die Arbeit ist, die krankmacht, sondern ein zu großes Maß an Fremdbestimmung. Ich glaube ihm.

Schöpfe beim Verzicht aus dem Vollen

Der Weg zu einer gesunden Balance fängt damit an, dass Du in Entscheidungssituationen die eigene Freiheit in den Fokus nimmst und Dir ein freundliches „Nein“ erlaubst. Normalerweise ist der Spielraum im Kalender begrenzt, aber eine Stunde Selbstbestimmung pro Tag ist fast immer möglich. Schaffe Dir diese Platzhalter in Deiner Terminplanung und erlaube Dir Verzicht auf Termine oder andere Forderungen. Entscheide Dich für 60 Minuten entspannte Leichtigkeit. Egal, ob Du in dieser Zeit ein Buch liest, Unkraut jätest, trödelst, träumst oder andere Dinge tust, die Dir Glücksgefühle schenken. Hauptsache, Du bestimmst es selbst. In dieser Stunde gibst Du den Ton an. Hier kannst Du nichts falsch machen.
Anschließend, erledigst Du lässig und beschwingt alle Aufgaben, die für eine Stunde auf Deine Aufmerksamkeit verzichten durften. Davon wird es jeden Tag reichlich geben.
Fange gleich heute an und frage Dich, was Dein Herz höher schlagen lässt. Für welches Herzensanliegen möchtest Du gerne eine Stunde freien Zeit am Tag einplanen?

Versuche es!

DENKIMPULSE

Ist Dir Deine eigene Zeit wichtig, dann brauchst Du Konsequenz, um sie auch wichtig zu machen.

Niemand kann heute sagen, wie sein Leben in zwanzig Jahren aussehen wird. Eines ist aber sicher: Wir werden uns künftig beruflich und privat häufiger neu- und umorientieren müssen. Außerdem werden wir mit dem Wissen, mit dem wir heute erfolgreich sind, es nicht notwendigerweise auch künftig sein.

Vielen Menschen fehlt der Mut, ihr Schicksal in die Hand zu nehmen. Und manchmal ist der eigene Spielraum begrenzt. In vielen Bereichen ist Mut der erste Schritt zum Erfolg. Frage: In welchen Situationen fehlt Dir regelmäßig der Mut, aktiv zu werden?

Die Sehnsucht, bei sich zu sein, steckt in jedem Menschen.

Wer glaubt, im Multitasking-Modus zu laufen, arbeitet in Wahrheit die scheinbar parallelen Aufgaben nacheinander ab. Wer sich permanent im scheinbaren Multitasking-Modus unterbrechen lässt und seine Aufmerksamkeit häufig breit streut, schwächt seine Fähigkeit zur Konzentration.

Erfülle Deine Aufgaben mit Deiner originellen Persönlichkeit. Lebe und entscheide nach Deinen Werten.

Es gibt keine Rezepte für ein ausgeglichenes Leben. Dafür musst Du eigene Entscheidungen treffen und die Verantwortung übernehmen.

Triffst Du bewusst eigene Entscheidungen für wichtige Ziele in Deinem Leben oder lässt Du Dich treiben?

Es ist häufig die innere Einstellung, die Dein Leben prägt, nicht in erster Linie die Umstände.

Menschen, die bei sich zu Hause sind, spüren das Leben und können über die bunte Vielfalt der Schöpfung staunen.

Menschen, die Angst haben, etwas zu verpassen, werden immer hektischer. Angst ist die Triebfeder der Hetze. Überwinde Deine Angst und halte einfach inne, wenn Dir alles zu viel wird.

Habe den Mut zum Innehalten, zum Schauen und Staunen, so dass dieser Tag durch Denk-Pausen mehr Qualität bekommt. Auch in den Ergebnissen.

Authentische Persönlichkeiten spielen die Hauptrolle in ihrem Leben. Sie wissen, wer sie sind und folgen ihrer Intuition.

Die individualisierte Gesellschaft sehnt sich nach Vorbildern, die Vertrauen schaffen und Einmaligkeit fördern.

Sehr wahrscheinlich begegnen Dir täglich Menschen, die anders „ticken" als Du. Daher ist es völlig normal, wenn sich Ereignisse aufdrängen, die Dich aus dem Konzept bringen.

Entscheide, wem Du Deine Lebenszeit widmest und habe den Mut, Deine Bedürfnisse und Ziele wertschätzend und respektvoll zu lieben.

Entdecke den Menschen
in Dir, den Gott geschaffen,
befähigt und begabt hat.

Genieße die Zeit, die dieser Tag Dir schenkt.
Staune über Möglichkeiten, die sich bieten.
Finde die Balance zwischen Erlebnishunger
und Herzensruhe.

Du entscheidest, ob Du Regisseur in Deinem Leben bist oder Statist. Der Regisseur gönnt seiner Seele Schutzräume, in denen kommerzielle Meinungsmacher keine Rolle spielen.

Du verlierst keine Zeit, wenn Du über die Sinnfrage in Deinem Leben nachdenkst. Beantworte die Frage nach erfülltem Leben. Was bedeutet das für Dich?

Stelle Dich in die Mitte des Lebens und genieße Deine Fähigkeiten. Verschwende Lebensfreude, damit Kreativität fließen kann.

Erfolg und ein gut gefülltes Konto ernähren nicht die Seele.

Das Problem ist nicht das Tempo, sondern wenn das Tempo zum einzigen Kriterium wird. Lieber anhalten und freundlich lächeln, als gehetzt durchs Leben ziehen.

Das Glück folgt nicht dem „schneller-höher-weiter-Prinzip" auf den Schnellstraßen des Mainstreams. Bleibe stehen und öffne die Augen. Du brauchst diesen Moment, um die Geschenke dieses Tages wahrzunehmen.

Jeder Tag ist eine Gradwanderung und erfordert Geben und Nehmen. Erfolg und Rückschläge stehen in enger Verbindung. Mit jedem Atemzug darfst Du wissen, dass Gott Dich in allem trägt, ermutigt und befreit.

Die eigene Zeit ist nur dann wertvoll,
wenn Du selbst Deine eigenen Werte anerkennst.
Verzichte auf Perfektion und
gönne Dir etwas Gutes.

Vergleiche Dein Leben mit einem Schiff, das auf dem Meer des Lebens dahintreibt und von Wellen getragen wird. Wohin fährt das Schiff? Wer bestimmt den Kurs?

Zeit der Stille ist wichtig, um über die Fundamente Deines Lebens nachzudenken. Von welchen Werten willst Du Dich leiten lassen?

Das Leben ist keine Probe! Das Leben ist jetzt!

Ich wünsche Dir heute die besondere Fähigkeit der Unterscheidungskunst. Die Suche nach der Wahrheit kann durch folgende Fragen bestimmt sein: Was stimmt und was stimmt nicht? Was ist Realität und was Vorstellung?

Juli: Schwierige Situationen meistern

Ich wünsche Dir behaglich warme Vielfalt in Deinen Einfällen und verblüffende Facetten, die Deine Persönlichkeit betonen. Das Sonnenlicht soll jeden Winkel Deiner Gedanken durchstrahlen und für eine Sammlung zeitloser Glanzmomente sorgen. Es tut gut, sich von Gottes Geist verblüffen zu lassen.

Konflikte: Mut zu klaren Worten

Kannst Du Dir vorstellen, was Mitarbeiter denken, wenn ihr Chef nach einem Kommunikationsseminar für Führungskräfte auf einmal Sätze spricht, die weder zu ihm passen, noch wirklich ehrlich klingen? Wenn sich dann auch noch Mimik und Gestik so verändern, als hätte man das Gefühl, Zuschauer in einem Theaterstück zu sein, dann ist es völlig normal, dass Mitarbeiter mit zynischem Lächeln auf Abstand gehen.
Ich war 20 Jahre abhängig beschäftigt und durfte 11 Vorgesetze erleben und beobachten. Manchmal habe ich den Satz: „Ich warte mal eine Woche, dann ist Herr XY wieder der Alte“, ausgesprochen. Häufig erfüllte sich meine Prophezeiung.

Gerade in Konfliktgesprächen ist es eine Kunst, gelassen zu bleiben, würdevoll aufzutreten und sich klar auszudrücken, ohne ein Schauspiel zu inszenieren. Aufgeregtes Lautwerden und hilfloses Verstummen helfen auf keinen Fall weiter. Entscheide Dich in schwierigen Situationen für entschlossene Souveränität, klare Kommunikation und eine sehr gute Vorbereitung.

Mit einer schriftlichen Vorbereitung schaffst Du es leichter, Dein Ziel und Deine Interessen zu erreichen.

Klarheit siegt

Viele Menschen glauben, ihre kommunikativen Fähigkeiten verbessern zu können, indem sie lernen, besser zu reden. Es geht aber in Konfliktgesprächen grundsätzlich um das bessere Zuhören: Gute Redner waren zuvor gute Zuhörer. Viele Mitarbeiter in mittelständischen Unternehmen wünschen sich einen Chef, der klare Ansagen macht und respektvoll mit ihnen umgeht.
Dazu gehört aus meiner Sicht, frühzeitig Konfliktpotentiale zu erkennen und Konflikte bereits im Entstehen anzusprechen. Gesprächskompetenzen und die Fähigkeit, mit Konflikten umzugehen, gehören für mich zu den Schlüsselkompetenzen der Zukunft.

Eine gute Gesprächsführung fällt nicht vom Himmel

In meinen Seminaren und Beratungen stelle ich häufig fest, dass sich nur wenige Menschen auf bedeutsame oder schwierige Gesprächen vorbereiten. Wie ist das bei Dir? Vertraust Du darauf, dass gute Argumente spontan vom Himmel fallen, oder bereitest Du Dich auf ein Gespräch mit unterschiedlichen Zielvorstellungen vor? Und erlaube mir in diesem Zusammenhang die Frage, ob Du Deine Ziele und Argumente aufschreibst?

Mit einer schriftlichen Vorbereitung schaffst Du es leichter, Dein Ziel und Deine Interessen zu erreichen. Verlasse Dich nicht auf Dein Gedächtnis, sonst könnte es sein, dass Du verlassen bist. Die Gefahr, Gedanken nur im Kopf zu bewegen, führt häufig zur Verzettelung und Ablenkung vom Ziel.

Tipp: Drücke Dich klar und deutlich aus.
Formuliere entsprechend kurz und knapp.
Komme zielstrebig auf den Punkt.

Hüte Dich davor, bei der Vorbereitung Zeit zu sparen oder oberflächlich zu sein. Die gefühlte Zeitersparnis brauchst Du bei mangelnder Vorbereitung wahrscheinlich zu einem späteren Zeitpunkt, wenn der Konflikt sich hochschaukelt.

Bunte Zettelwirtschaft hilft, Prioritäten zu setzen

Für die praktische Umsetzung empfehle ich Dir, fünf Minuten im freien Fall zu denken und Deine Gedanken unstrukturiert auf farbige Post-it-Notes zu kleben. Jeder Gedanke erhält einen separaten Zettel und wenn Du möchtest, arbeite mit unterschiedlichen Farben für verschiedene Denkrichtungen. Verzichte auf Bewertungen und schreibe genau das auf, was Dir in den Sinn kommt.

Das Denken mit Post-its ist sehr flexibel und Du hilfst Deinem Gehirn so, spielerisch nach guten Lösungen zu suchen. Verzichte bewusst darauf, sofort in Strukturen zu denken und Du wirst staunen, welche Gedanken plötzlich auftauchen. Natürlich nur, wenn Du dieser Methode eine Chance gibst.
Nach Deinem bunten Brainstorming hast Du ein gutes Gefühl dafür, ob Du Dich im wahrsten Sinne des Wortes schon in der Vorbereitung verzettelt hast. Auf diese Weise kannst Du bei einem Thema bleiben und immer wieder verschiedene Prioritäten setzen, in dem Du die Zettel einfach umklebst.

Zur guten Vorbereitung gehört auch, dass Du bereit bist, Zugeständnisse zu machen. Die beste Vorbereitung wird nichts nützen, wenn Du Dich – ohne die Bereitschaft zum Kompromiss – auf Deine Ziele fixierst. Denke immer daran: Gelingende Gespräche brauchen die Bereitschaft zum Geben und Nehmen.

DENKIMPULSE

Wenn Du Dir das Mandat Deiner Mitarbeiter wünscht, dann halte Deine inneren und äußeren Verpflichtungen ein und lasse Deinen Worten Taten folgen.

Willst Du auf gute Leistungen Deiner Mitarbeiter bauen, dann behalte positives Feedback nicht für Dich. Gute Gedanken solltest Du aussprechen.

Trau Dich, in schwierigen Situationen auf Menschen zuzugehen und starte den Versuch einer Klärung. Bewegung führt zu innerer Freiheit und dient dem Leben. Dafür brauchst Du einen aufrechten Gang und die Erkenntnis, dass nicht immer alles gut, aber Vieles besser werden kann.

Stelle in Konfliktgesprächen gute Fragen und versuche zu verstehen, was Dein Gegenüber meint. Wenn Du unsicher bist, frage nach und hüte Dich vor schnellen Urteilen.

Wenn Du ein Kritikgespräch führen musst, frage Dich vorher, ob Dein Herz weit genug dafür ist. Milde sollte die Triebkraft für Klarheit sein und hilft, Deinem Gegenüber zuhören zu können.

Jedes Kritikgespräch soll wie ein Same sein, der aufgehen kann und Gutes hervorbringt. Sorge für eine gute Ernte – für Dich und Deinen Gesprächspartner.

Sage die Wahrheit, aber sage sie höflich. Denn Wahrheit braucht Behutsamkeit und Mitgefühl. Gib Deinen Worten etwas Schönes und Wünschenswertes mit auf den Weg, wenn Du sie formulierst. Das erzeugt angenehme Klänge, warme Gedanken und öffnet das Herz.

Wenn Du ein Kritikgespräch führen wirst, verzichte auf Zynismus und frage Dein Herz, wie Du die Würde des Anderen achten kannst.

Gib Menschen in Deiner Nähe das Gefühl, dass sie „in Ordnung" sind. Gegenseitiger Respekt ist die Quelle für mutige und offene Perspektiven.

Erfolgreiche Menschen wissen, dass Abstand nötig ist, um gute Perspektiven in herausfordernden Gesprächen zu entwickeln.

Fast jede Situation hat auch ihre komischen Seiten. Finde sie – das macht heiter.

Möge ein erfüllter Tag voller Freude und Weite auf Dich warten. Ich wünsche Dir weite Horizonte und Gottes schützende Hand in allen Begegnungen.

Wer Probleme lösen möchte, braucht in erster Linie gute Fragen – für sich und den Gesprächspartner.

Hüte Dich davor, scharfe Bemerkungen und vernichtende Worte in scheinbar „konstruktive Kritik" umzuwandeln. Verletzungen, Demütigungen und Auseinandersetzungen sind giftige Pfeile. Egal, welche Flugrichtungen Du ihnen gibst.

Akzeptiere, dass jeder Tag nur minimal planbar ist. Du lebst nicht in einer heilen Welt. Konflikte, Missverständnisse und Kränkungen durchkreuzen unsere Vorstellungen von Glück und Gemeinschaft. Sie gehören zum Leben wie Freude und Vergnügen.

Bevor Du interpretierst und bewertest, sorge dafür, dass Deine Gedanken eine werteorientierte Basis haben. Öffne Herz und Ohren und suche Perspektiven, die dem Leben und dem sozialen Miteinander dienen. Entdecke den Schatz im anderen und verzichte auf die Worte „zählen" und „messen".

Schwierige Vorgesetzte, pubertierende Kinder, nervende Eltern oder andere anstrengende Zeitgenossen werden Dir heute wahrscheinlich begegnen. Segne sie, lächle und übe Dich in Gelassenheit.

Menschen brauchen klare und verbindliche Ansagen. Sie erleichtern die Zusammenarbeit.

Ein Lächeln kann viele Konfrontationen entschärfen. Es macht frei und gelassen.

Zeige in Gesprächen nicht Deine geballte Kompetenz, sondern konzentriere Dich auf das Puzzleteil, was Deinem Gegenüber hilft. Darin zeigt sich Deine Professionalität.

Freundlichkeit ist keine Schwäche.

„Aktives Zuhören" ist eine Haltung des Herzens und keine Methode. Viele Menschen erleben Gespräche als Bevormundung oder Kontrolle. Sie spüren die unechte Haltung hinter den Fragen. Fragen sollen befreien und nicht bevormunden. Sie sollen der Beziehung dienen und nicht der Machtausübung.

Prüfe Dein Herz, bevor Du Kritik übst. Feedback ist keine pädagogische Maßnahme, sondern soll dazu dienen, Beziehungen aufzubauen und zu stärken.

Es gibt verschiedene Himmelsrichtungen – nicht nur auf einem Kompass.

Menschen, die „NEIN" sagen können, haben Mut und können Deine Lehrer sein. Nutze die Chance zum Dialog. Da steht eine starke Persönlichkeit vor Dir.

Menschen, die Mut haben, sind selten bequem. Sie stehen mit beiden Füßen auf dem Boden und mögen offene Worte. Mit ihnen wird der Tag hell und das Leben bunt.

Nicht jede Situation erfordert einen starken Auftritt. Manchmal ist es sinnvoll, in Schrecksekunden erst einmal zu atmen und nach selbstverständlichem Handeln zu fragen. Das fördert jede Diskussion und macht Dich zu einem angenehmen Zeitgenossen, auf den Menschen gerne hören.

Nicht Recht haben zu müssen, zeugt von innerer Freiheit.

Es ist eine große Kunst, auf Wachsamkeit und Kontrolle zu verzichten. Vertrauen in Menschen ist die beste Investition und fördert Hoffnung.

Sei sparsam im Kritisieren und großzügig im Loben. Das öffnet Herzen und nimmt den anderen mit Achtung und Wertschätzung wahr.

August: Kreatives Nichtstun – Stille suchen

Ich wünsche Dir viele Tage, an denen Du Dich in Gottes Gegenwart fallen lassen kannst. Setz Dich hin, mach's Dir gemütlich und lass Dich von der Quelle allen Lebens erfüllen. Das fördert Dein Selbstwertgefühl und lässt Dich gerade stehen. Mutige Schritte werden durch diese himmlische Begegnung möglich.

Heilsame Orte für neue Perspektiven

Der Wecker klingelt erbarmungslos. Meine Augenlider haben ein schwergewichtiges Eigenleben und wollen sich auch mit bestem Willen und aller Anstrengung nicht öffnen. Die Dusche ist viel zu kalt, der Kaffee zu heiß und das Marmeladenglas leer. Schon in den ersten Minuten nach dem Aufstehen habe ich das Gefühl oder besser gesagt die fürchterliche Ahnung, dass dieser Tag nicht mein bester wird. Selbstverständlich muss das Auto noch getankt werden, bevor ich damit zur Arbeit fahre und einige Tauben haben in der Nacht ihre milchig-weißen „Visitenkarten“ auf meinem Autolack hinterlassen. Unverschämtheit! Ich habe doch wirklich gute Gründe, schlecht gelaunt zu sein.

Ausnahmezustand der Gedanken

Bedauerlicherweise rege ich mich hin und wieder über Situationen auf, die ich normalerweise mit einem Lächeln quittiere. So verständlich diese Missgeschicke auch sind, ich muss gestehen, dass sie häufig mit etwas Abstand leichter und unbeschwerter wirken. Mein Ziel: Ich möchte mit einem Lächeln an das Gute jeden Tages glauben, bevor ich aus dem Haus gehe. Geht das? „Fünfe gerade sein lassen" und mit einem Augenzwinkern auf die Tauben schauen, die im Baum über meinem Auto sitzen? Das bringt mich auf die Idee: Wie wär's damit, einfach mal eine andere Perspektive einzunehmen und aus einer Geschichte zu lernen?

Professionell in die Luft gehen

Im Musical „Camelot" gibt es eine sehr berührende Szene. Der junge Artus steht mit Merlin auf einem Feld und über ihnen kreist ein Habicht. Merlin schaut Artus an und fragt ihn: „Was sieht der Habicht, was der junge Artus nicht sieht?" Artus lässt sich auf das Gedankenspiel ein und fliegt mit dem Kopf des Habichts über die Landschaft. Zu diesem Zeitpunkt waren die englischen Grafschaften einander feindlich gesinnt. Auseinandersetzungen und Kämpfe gehörten zum Alltag. Der Habicht sieht nur die Natur, feindliche Linien sind nicht vorhanden.

Der junge Artus „sah“ daher, dass es in der Natur keine Grenzen gab, und begriff, dass die Grenzen in den Köpfen der Menschen geschaffen wurden. Dieser Moment weckte seine Leidenschaft, England zu vereinen. In der Sage hat er diesen Wunsch später als König realisieren können.

Denken mit einem anderen Kopf

Nutze diese Geschichte, um Deinen Gedanken durch einen Perspektivwechsel einen kreativen Fluss zu geben. Dafür musst Du weder Artus sein, noch ein Ritter der Tafelrunde. Fliege wie ein Habicht über Deinem aktuellen Thema und suche in Gedanken einen Ort auf, an dem Kreativität fließen kann. Anders gesagt: Wenn Du aus dem Rahmen trittst, siehst Du das ganze Bild.
Ich setze mich für diese metaphorischen Höhenflüge immer an meinen Lieblingsplatz in der Küche. Es gibt bestimmt schönere Plätze in unserem Haus, aber in der superengen Nische zwischen Tisch und Heizung fühle ich mich total wohl – wenn nicht gerade die Marmelade fehlt. Gerade dann, wenn mein Morgenmuffelgehirn einen Muntermacher braucht, sitze ich ja sowieso schon dort, wo ich einen Stimmungsumschwung erwarte. Häufig erlebe ich dort Klärung und neue Perspektiven. Deshalb nenne ich diese Nische auch meinen „heilsamen Ort“, den ich täglich ohne große Umstände aufsuchen kann.

Ich empfehle Dir, einen Ort zu suchen, an dem Du unterschiedliche Gedankenströme unter einen Hut bringen kannst. Einen Platz, an dem Du gerne verweilst, Dich für Neues öffnen kannst und Dein inneres Gleichgewicht in Balance kommt.

Courage für neues Denken

Besonders in festgefahrenen Situationen brauchst Du eine gute Kombination aus Courage und der Fähigkeit loszulassen, um neue Wege zu finden. Und damit meine ich Themen, die wichtiger sind als eine kalte Dusche oder andere Kleinigkeiten. Erfahrungen und die eigene innere Wahrheit sind nicht besonders erfreut, wenn wir sie zu einer Verhaltensveränderung einladen. In Konflikten oder unbekannten Situationen kann es sehr gewinnbringend sein, für fünf Minuten einen anderen Kopf aufzusetzen.
Vera F. Birkenbihl entwickelte daraus eine Methode:

- Sorge dafür, dass Du fünf Minuten ungestört „fliegen“ kannst. Dafür musst Du Dich gut konzentrieren und Ablenkungen auf jeden Fall vermeiden. Stelle Dir einen Wecker, der nach fünf Minuten klingelt.
- Jetzt gib Deinem Gehirn eine konkrete Anweisung, für welches Thema Du eine Lösung benötigst.
- Denke an einen Menschen, der für dich ein guter Ratgeber, Mentor oder Vorbild ist.
- Setze Dir den „anderen Kopf“ auf und stelle Dir vor, wie Dein Vorbild diese Aufgabe lösen würde. Steige ganz bewusst in diesen Rollentausch ein.

- Arbeite mindestens fünf Minuten mit dem „fremden Kopf“ Deines Vorbildes. Konzentriere Dich bei Störungen auf den Rollenspielcharakter, also auf die Aufgabe, diesen „anderen Kopf“ nicht zu verlieren und so zu denken oder handeln, wie diese Person handeln würde.
- Schreibe Deine Erfahrungen auf und beschreibe wie ein Forscher, wie Du dieses Experiment erlebt hast.

Mein persönliches Vorbild

In diesem Jahr ist meine Freundin Dany im Alter von 95 Jahren gestorben ist. Sie war am Ende ihres Lebens körperlich eingeschränkt. Jeder Tag war für sie ein Geschenk, das ausgepackt werden wollte. Und tatsächlich, es gab für sie jeden Tag Geschenke, die sie benennen konnte. Das Wort „Langeweile“ kannte sie nicht, auch ohne Fernseher. Ich vermisse sie sehr, aber – in Erinnerung an sie – lerne ich noch heute jeden Tag, dass es sich lohnt, niemals aufzugeben und das Schöne zu suchen. „Schade um die schöne Zeit!“, sagte sie immer dann, wenn es nicht lohnenswert war, sich zu ärgern. Recht hat sie. Häufig setze ich „ihren Kopf“ auf, wenn ich an meinem heilsamen Ort eine neue Perspektive suche.

DENKIMPULSE

Ich wünsche Dir die besondere Gabe, das Leben zu genießen. Gib der Lebensfreude und der Fröhlichkeit die Chance, Dich auf Schritt und Tritt zu begleiten.

Spitzenleistungen sind selten ohne Durchhaltevermögen und Disziplin zu erreichen. Das stimmt. Aber dauerhaft erfolgreich sind Menschen, die in der Lage sind, sich auch Pausen zu gönnen, um die Seele zu füttern.

Ist die Freude an der Arbeit auf der Strecke geblieben, wird ein höheres Gehalt Dich nicht glücklicher machen. Erlaube Dir zu den Themen „Arbeitsfreude" und „Lebensqualität" den Gedanken: Weniger ist mehr.

Gönne Dir einen Schutzraum für Deine Seele und plane Pausen. Das sind kleine Tabuzonen, in der Schnelligkeit und Erwartungen keinen Platz haben. Werde still und lass Dich für den Rest des Tages neu füllen.

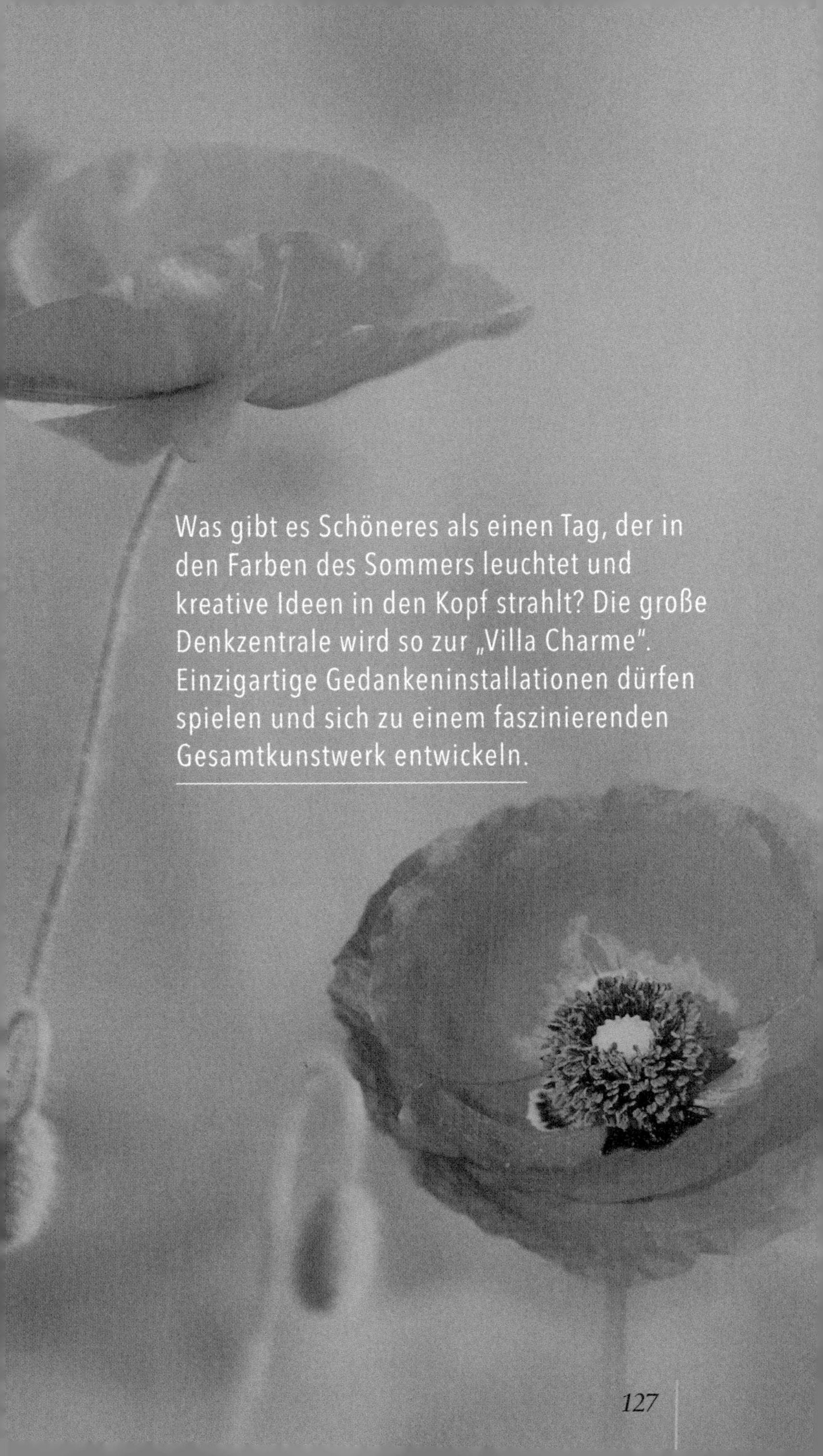

Was gibt es Schöneres als einen Tag, der in den Farben des Sommers leuchtet und kreative Ideen in den Kopf strahlt? Die große Denkzentrale wird so zur „Villa Charme". Einzigartige Gedankeninstallationen dürfen spielen und sich zu einem faszinierenden Gesamtkunstwerk entwickeln.

Viele Menschen haben verlernt, im Schönen zu verweilen, um so das Frohe und Leichte zu fördern. Stattdessen folgen sie den Zeichen der schnelllebigen Zeit. Schade, denn klare Gedanken sind auf Dauer nur möglich, wenn der „Denker" gelassene und schöne Momente zulässt.

Gerade dann, wenn Du durcheinander oder orientierungslos bist, brauchst Du Zeiten des Nichtstuns, um Deine Gedanken sortieren zu können. Nur dann sind Entscheidungen möglich, die Du vor Gott und den Menschen durchdacht hast und verantworten kannst.

Starte immer wieder Versuche der Klärung, die Abgrenzung schaffen und Dich vor Überforderung schützen. Sie sorgen dafür, dass in Deinem Lebensraum Weite möglich wird und schenken Dir Luft zum Atmen.

In der Stille haben Freude und Leid Platz und suchen nach einer guten Balance. Alle Gedanken dürfen sein. Im Innehalten kann Hoffnung wachsen und Klärung geschehen. Herz und Ohren dürfen Perspektiven suchen, die dem Leben dienen und soziales Leben möglich machen.

Erlaube Dir regelmäßige Momente der Stille ohne Anstrengung und finde ein gutes Gespür für zweckfreie Augenblicke. Lass Dir versöhnliche Botschaften schenken, die Wege zu würdevollen Dialogen schaffen.

Mit dem Mut zur Gedankenfreiheit und einer Prise Humor kannst Du einen Tag erleben, der Deine Gedanken zu Höhenflügen einlädt. Keine Sorge: Dadurch verlierst Du auf keinen Fall Deine Bodenständigkeit.

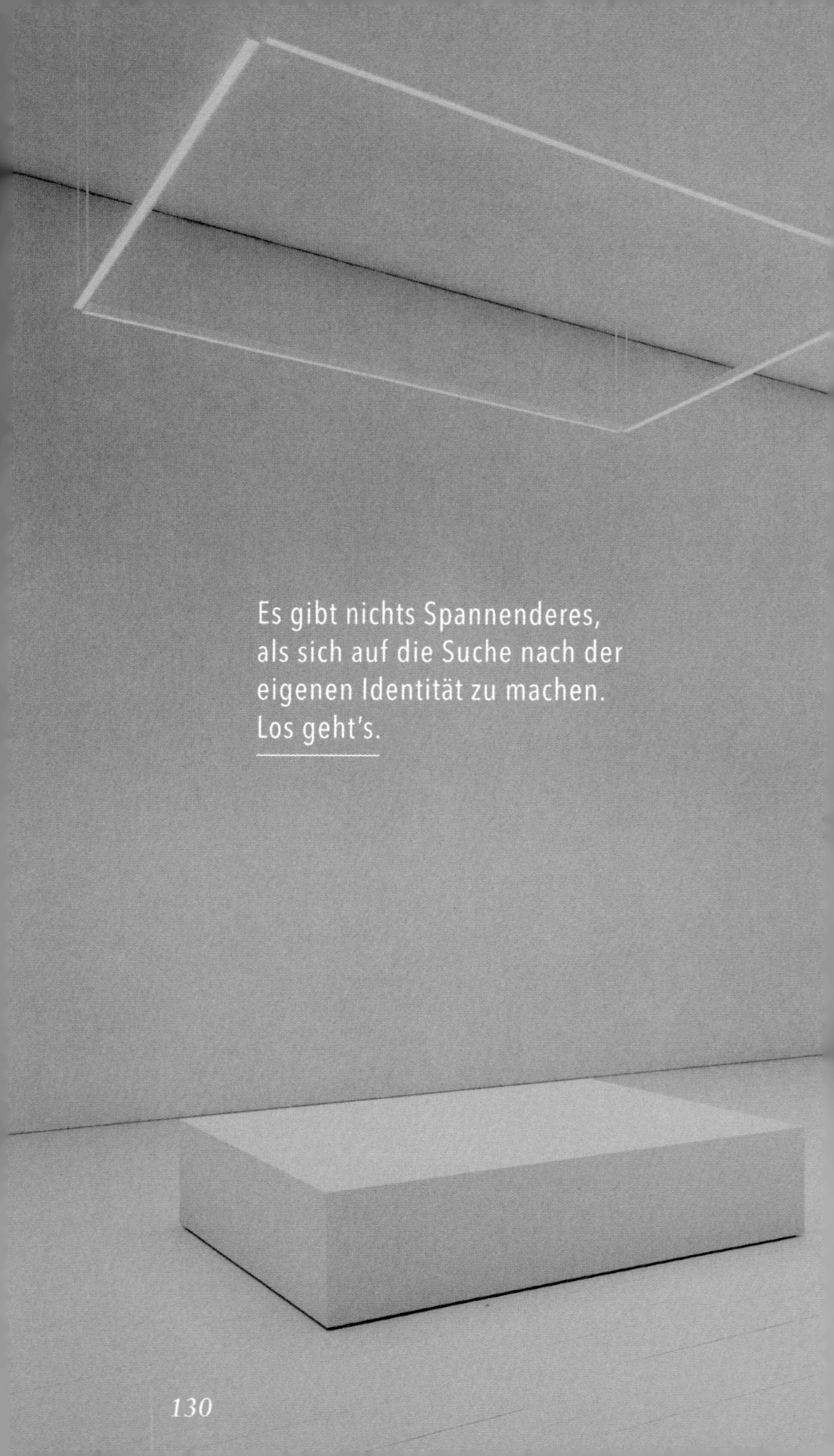

Es gibt nichts Spannenderes,
als sich auf die Suche nach der
eigenen Identität zu machen.
Los geht's.

Schärfe Deine Sinne. Bleibe bei dem, was Dir dieser Moment zeigt: Farbabstufungen, Helligkeit, Ausdehnung des Raumes, Wechsel der Temperatur, Variation der Geräusche. Sei empfänglich für Veränderungen.

Viele Führungskräfte sind in der Lage, über lange Zeiträume zu powern und Gas zu geben. Sie schaffen viel und sind erfolgreich. Aber wenn sie nicht wissen, wann ein „Boxenstopp" angemessen ist, kann es bitter für sie werden.

Menschen, die wissen, was sie wollen, sind in der Lage zu verzichten. Sie gönnen sich hin und wieder den Luxus des NEIN-Sagens.

Es ist hilfreich, jeden Tag Inseln der Souveränität zu schaffen.

Heute wird's bunt im Kopf: Vereine Kitsch und Quatsch, Irrsinn und einen Hauch Extravaganz in Deinem „Oberstübchen" und schau mal, ob sie sich kreativ verbinden.

Ich wünsche Dir Charme, Fantasie und jede Menge Überraschungen. Mache die Augen auf und entdecke liebevolle Details, die sich über Deine Aufmerksamkeit freuen.

Die besten Mentoren fürs Fließenlassen sind Kinder. Lerne von ihnen, im Hier und Jetzt zu verweilen.

Teile Deine Leidenschaft und suche Dir Verbündete. Fördere offene und neugierige Gedanken.

Viele Menschen wünschen sich kreative Gedanken und Ziele. Leider ist ihr Bewegungsspielraum so kleinkariert wie das Muster ihrer Hemden.

Zufriedenheit ist nicht das Ergebnis von Anstrengung und Leistung. Sie ist nicht machbar, sondern entsteht aus einem dankbaren Herzen heraus.

Tipp des Tages: Lachen und machen!

Stille kann zur Erkenntnis führen, dass nicht alles gut, aber vieles besser werden kann.

Welche Akzente willst Du heute setzten? Hole sie Dir ins Bewusstsein und setze sie um. Schaffe mit kleinen „Sahnehäubchen" Momente der Leichtigkeit.

Rituale geben Sicherheit und fördern Zufriedenheit. Mein tägliches Ritual ist ein Gebet der Dankbarkeit für das Geschenk des Lebens.

Im Nichtstun arbeitet das Gehirn und ist in der Lage, Ideen zu formen, Lösungen zu entwickeln und Geistesblitze zu produzieren. Gib ihm die Chance und mache nach 90 Minuten Arbeit eine kleine Pause. Schaffe fünf Minuten Distanz und übe das Faul-Sein.

Sei dankbar für jedes Kind, das Dein Lehrmeister für Unbeschwertheit und Leichtigkeit sein kann. Kinder bringen sorglose Lebendigkeit und ansteckende Energie ins Leben. Wenn Du das nicht glaubst, gehe auf einen Spielplatz und beobachte sie.

Für Pausen im Alltag muss es keine Beweggründe geben. Erlaube Dir heute ein Frischluftprogramm, in dem Du nichts suchst, und staune über das, was Du findest.

Ich wünsche Dir heute einen warmen Blick für freundliche Menschen. Lächle, nimm sie wahr und gehe weiter. Das ist nicht anstrengend, aber es füllt Dein Herz mit Lebensfreude.

September: Prioritäten setzen

Ich wünsche, dass Du auf Deine Visionen wie auf eine weiße Leinwand blickst, die auf Deine Kreativität und Vielseitigkeit wartet. Hell, ruhig, geräumig steht sie vor Dir. Egal für welche Gestaltungsmöglichkeiten Du Dich entscheidest – sie wird immer authentisch sein, wenn Du sie mit Ehrlichkeit, Charme, Liebe und in Gottes Gegenwart gestaltest. Erlaube Dir entspannte und kreative Pinselstriche. Das Spektrum der Nuancen sorgt für Glamour und Lebensfreude.

Die „Suche nach der verlorenen Zeit"

Es gibt Tage, da geht bei mir gar nichts. Passiert Dir das auch gelegentlich, dass Du den Morgen noch gut gelaunt beginnst, aber nach drei Stunden merkst, dass Du nichts, aber auch gar nichts geschafft hast? Und das wird auch nach fünf Stunden nicht besser! Ich bin wirklich froh, dass ich solche Tage nicht häufig erlebe. Es fühlt sich dann so an, als wäre mein Gehirn mit Kaugummi verklebt und verweigerte mir jede Form von Kreativität und Leistung. Von wegen „Die Gedanken sind frei", Herr von Fallersleben. Dieses Volkslied kann mich in einen stundenlangen Dauerwahnsinn treiben und mich zu chronischem Klagen und Jammern einladen. Normalerweise ist das kein Drama, aber wehe, wenn eine Kombination aus Termindruck und Perfektion sich in meinen Gedanken breit macht und ich nur noch in Schwarz oder Weiß, Null oder Eins denken kann, dann wird's superanstrengend.

Normalerweise bin ich so veranlagt, dass ich strukturiert und diszipliniert an meinen Aufgaben arbeite. Doch allen Bemühungen zum Trotz muss ich hin und wieder feststellen, dass mir die Zeit zwischen den Fingern zerrinnt und ich nichts zustande bringe.

Innehalten – den Strom der Gedanken unterbrechen

Dann hilft nur noch bewusstes Innehalten. Ich habe eine Übung gefunden, die zu einem Haltepunkt für meine Seele geworden ist. Der schwierigste Schritt für mich ist, meine Selbstbeherrschung aufzugeben, die mich in Verbindung mit meiner Disziplin nicht zur Ruhe kommen lässt. Ich brauche einen Ort, an dem ich mit taktvoller Zurückhaltung und wertschätzender Aufmerksamkeit meine Gedanken loslassen kann.

Der leere Stuhl am Krankenbett

Die Geschichte eines Priesters, der einen sehr kranken Mann besucht, berührt mich sehr. Er sieht neben dem Krankenbett einen leeren Stuhl stehen und möchte wissen, warum der Stuhl neben dem Bett steht. Der Kranke berichtet mit Tränen in den Augen, dass er viele Jahr nicht beten konnte, bis ihm ein Freund erklärte, dass Beten nichts anderes sei, als mit Jesus ein Gespräch zu führen. Der Freund stellte den Stuhl neben sein Bett und sagte zu ihm: „Stell Dir vor, Jesus würde Dich besuchen und an Deinem Bett sitzen. Sprich mit ihm und höre seinen Worten zu."

Auf einmal hatte der Kranke keine Schwierigkeiten mehr beim Gebet.

Einige Tage später stirbt er und seine Tochter berichtet dem Priester, dass der Kopf des Vaters nicht auf dem Kopfkissen lag, sondern auf dem Stuhl neben seinem Bett.

Während ich die Geschichte aufschreibe, habe ich leicht feuchte Augen und schäme mich meiner Tränen nicht. Ganz im Gegenteil. Ich bin so froh, dass ich nicht auf einem Krankenbett liege und meine gelegentlichen Unzufriedenheiten in diesem Zusammenhang wirklich Lappalien sind.

Gedankenstress in fünf Schritten auflösen

Es gibt viele Methoden, Gedanken zu sortieren, um neue Wege zu finden. Ich befinde mich weder auf einem Entspannungstrip, noch glaube ich, dass Methoden allein ausreichen, um Probleme zu lösen. Trotzdem wage ich die Übung mit dem leeren Stuhl immer dann, wenn sich das bereits erwähnte Kaugummi in meinem Gehirn breitgemacht hat. Beim ersten Mal kam ich mir ziemlich bescheuert vor, aber ich hatte ja nichts zu verlieren.

Stell Dir vor, Jesus würde Dich besuchen
und an Deinem Bett sitzen.

Es geht in den folgenden Schritten darum, den Strom der Alltagsgedanken zu unterbrechen und einen Raum für das Wesentliche zu schaffen. Wenn ich in dieser Übung verweile, bete ich das Vaterunser und suche den Blickkontakt mit Jesus. Selbstverständlich kannst Du Dir auch eine andere Person vorstellen, mit der Du kommunizieren möchtest. Diese Übung findet man in sehr vielen Traditionen. Als bekennende Christin ist für mich der Blick auf Jesus sehr vertraut.

5 Schritte, die helfen können:

- Setze Dich still und entspannt hin oder lege Dich gelassen aufs Sofa.
- Schließe die Augen und stell Dir den Stuhl vor, auf dem eine Person Deines Vertrauens sitzt.
- Formuliere ein Gebet, ein Wort oder einen Gedanken – immer wieder.
- Tauchen andere Gedanken auf, schiebe sie zur Seite und kehre zu Deinen gewählten Worten zurück.
- Verweile so für 20 Minuten. Bleibe passiv. Überlege nicht, ob die Übung gelingt und ob Du gut genug bist. Öffne die Augen und nimm eine wohlwollende und selbstachtende Haltung ein. Strecke Dich und gehe zurück in deinen Alltag.

Mir gibt diese Übung Kraft zur Bewältigung meiner Aufgaben und fördert den Wunsch, meine inneren Bedürfnisse mit den äußeren Anforderungen in Einklang zu bringen.

Meine wichtigsten Erkenntnisse sind:

- Erst geht es um die Seele, dann um das Thema.
- Es sind die kleinen Gedanken, die den großen Unterschied machen.
- Neugier und Sehnsucht sind ein behutsamer Ratgeber.

Mittlerweile gelingt es mir, in Kleinigkeiten lockerer zu sein, und vielleicht schaffe ich es, in Zukunft, meinen Perfektionismus zu verringern. Das wird eine spannende Reise mit schönen Gedanken und befreienden Perspektiven. Bis dahin werde ich den leeren Stuhl sicher noch oft in Anspruch nehmen.

Entdecke den Mut zum Innehalten

Bist Du auch ein Vertreter der dauerbeschäftigten Leistungsgesellschaft? Erledigst Du stets mehrere Aufgaben gleichzeitig und Dein Tagesprogramm ist das höchste Pensum des Machbaren? Ist die Uhr Dein wichtigster Partner?
Wissenschaftler sagen, dass sich das allgemeine Lebenstempo in den letzten 200 Jahren verdoppelt hat. Wir leben in einer Gesellschaft, in der Tausendstelsekunden gemessen werden. Hauptsache, rucki, zucki. Der Fortschritt treibt das Tempo an.

Es sind die kleinen Gedanken,
die den großen Unterschied machen.

Alles hat seine Zeit, nur ich habe keine

Zeit ist nicht nur knapp, sie ist zur Mangelware geworden. Ein Tag kann auf irrsinnige Weise sehr kurz sein, obwohl er 24 Stunden hat. ‚Simplify your life' ist ein verbreiteter Slogan. Doch trotz hilfreicher Checklisten und praktischer Literaturempfehlungen können viele Menschen nicht sagen, womit genau sie ihre Zeit verbrauchen. Dennoch wissen sie, dass sie nie genügend Zeit haben. Sie sind in permanenter Zeitnot und werden häufig krank.

Wie kann man in diesen Zeiten sinnvoll Prioritäten setzen? Auf keinen Fall, indem Du mehr arbeitest und weniger schläfst. Fest steht: Du kannst die Zeit nicht verändern, aber den Umgang mit ihr.

Finde Deine eigene Zeitkultur mit der 200-Euro-Schein Methode

Oft entscheiden Kleinigkeiten über Erfolg und Misserfolg. Deshalb brauchst Du einen Blick fürs Wesentliche. Konzentriere Dich auf wenige Ziele, dann können Zeitdiebe Dir gestohlen bleiben. Die 200-Euro-Schein-Methode habe ich in einem Vortrag von Vera F. Birkenbihl kennengelernt und begleitet mich seit vielen Jahren erfolgreich durch meine Entscheidungsflut.

Fest steht: du kannst die Zeit nicht verändern, aber den Umgang mit ihr.

Stelle Dir bitte folgende Situation vor:
Auf Deinem Schreibtisch liegen Hunderte von 5-Euro-Scheinen und nur ein gut sichtbarer 200-Euro-Schein. Du darfst alle Geldscheine behalten, die Du in einer Sekunde greifen kannst. Wo greifst Du hin? Bitte keine falsche Bescheidenheit.

Ich bin mir sicher, dass Du den 200-Euro-Schein ins Visier genommen hast. Oder täusche ich mich? Und jetzt übertrage diese Vorgehensweise auf Deinen Alltag. Die 5-Euro-Scheine stehen für dringende Aufgaben, der 200-Euro-Schein für die wirklich wichtige Aufgabe, die Deinen Zielen dient. Dafür solltest Du auf jeden Fall Zeit im Kalender freihalten.

Meistens sind die 5-Euro-Scheine attraktiver und lenken gerne vom Wesentlichen ab. Sie stehen für die Macht der Gewohnheit. Bei mir ist es häufig so, dass der 200-Euro-Schein etwas von mir fordert, wozu ich überhaupt keine Lust habe.

Tipp:
Erst, wenn Du den 200-Euro-Schein für den Tag geplant hast, überlege Dir Prioritäten für die 5-Euro-Scheine. Stelle Dir am Morgen schon vor, wie Du Dich fühlst, wenn Du Deine wichtigste Tagesaufgabe erledigt hast.

Habe den Mut, Prioritäten zu setzen. Denn kein Geld der Welt ist wichtiger als Deine Gesundheit und Deine Lebensqualität. Bei allem Planen wünsche ich Dir reichhaltige und erfüllte Tage.

DENKIMPULSE

Sinnstiftende Führungskräfte sind nicht immer bequem. Gut so! Das treibt Mitarbeiter an und zeigt ihnen, dass ihre Arbeitskraft und ihre Motivation gebraucht werden.

Kein Mensch ist glücklich, wenn er „benutzt" wird. Jeder will „gebraucht" werden und seinen Platz in der Gemeinschaft einnehmen.

Für SINN-volles Leben gibt es keine Gebrauchsanweisung. Nimm Dir Zeit, um die Frage nach dem Sinn Deines Lebens zu beantworten.

Das Bedürfnis, bedeutend zu sein, kann dazu führen, dass Du aufhörst mit Deinen Gaben und Fähigkeiten zu leben. Lass es sein!

Wenn Du wissen willst, wie es Dir geht, schau nicht auf Deine Leistung, sondern auf Deine Gefühle.

Vor lauter Verlangen nach Macht,
Status und Ansehen verlieren
Menschen schnell ihr Lebensziel
und ihre Berufung aus den Augen.
Bist Du noch auf dem richtigen Weg?

Gier und Angst sind schlechte Berater
und führen zu falschen Prioritäten.

Begrabe die Sehnsucht Deines Herzens nicht.
Auch dann nicht, wenn Dein Lebensumfeld
etwas Anderes fordert.

Ist es Zeit für einen Richtungswechsel,
dann wechsle sie!

Hast Du eine Vision, dann brauchst Du auf jeden Fall auch eine Strategie, die Schritte des Handelns möglich macht. Visionäre ohne Strategien können ganz schön nerven.

Lerne, aus der Fülle zu leben, und dann teile mit Anderen.

Jeder Mensch hat antrainierte, tiefsitzende Programme und Denkmuster, die sich nicht so einfach ändern lassen. Wenn Du Dir mehr Lebensqualität wünschst, brauchst Du Durchhaltevermögen, vor allem, wenn Du dafür Prioritäten anders setzen musst.

Auf dem Weg zum Ziel geht es nicht pausenlos vorwärts. Erlaube Dir Korrekturen, wenn sie erforderlich sind.

Viele Menschen ersticken in der Geschäftigkeit des Alltags. Sie strengen sich an, rackern sich ab und sind müde. Das ist meine Definition einer herzlosen Lebensqualität. Gestalte heute einen sinnvollen Tag und erlaube Dir kreative Abenteuer.

Die Welt in kleinen Dingen zu verändern, kann im eigenen Wirkungskreis dazu führen, dass manche Dinge besser werden.

Es bleibt jeden Tag Zeit genug zu lernen, worauf es wirklich ankommt. Nimm sie Dir.

Gelassen starten, mit Herz arbeiten, Ideen bewegen, großzügig bleiben, am Abend zufrieden sein und den Tag genießen. Gute Reihenfolge, oder?

Prioritäten sind der Mittelpunkt des Tages. Sie gehören in den Vordergrund und nicht in die zweite Reihe.

Gut geplant ist halb gewonnen.
Welche Ziele möchtest Du heute erreichen?
Schreibe sie auf und setzte sie um.

Drehe heute an der Wörterschraube. Vom „3-2-1 Meins" zum „3-2-1-Deins". Sei großzügig und verschenke Zeit und Aufmerksamkeit.

Sorge regelmäßig für Räume, in denen Du aufleben kannst.
Sonst wirst Du von anderen gelebt.

Denke heute bei allem Tun daran, dass Entspannungspausen effizienter für Deinen Erfolg sind als pausenloses Arbeiten.

Diese Welt lebt davon, dass Du Deine Begabungen kennst und damit arbeitest.
Rede darüber, biete Dich an und verzichte darauf, ständig nur das zu tun, was andere von Dir fordern.

Liebe fördert Erbarmen und Hingabe.
Sie verändert den Blickwinkel und neue
Perspektiven kommen zum Vorschein.

Manchmal brauchst Du den Mut der Verzweiflung, um Deiner Sehnsucht auf die Spur zu kommen. Verlasse regelmäßig ausgetretene Pfade und erlaube Dir Zeit zur Reflektion. Das lässt vieles klar werden. Übrigens – seelische Prozesse unterwerfen sich keinem Zeitmanagement.

Vergiss Deine sanften Anteile nicht durch Lebensumstände oder grenzüberscheitende Begegnungen. Erlaube Dir, mit Klarheit und Intuition, Etiketten zu entfernen, die andere Dir verpasst haben.

Jeder Tag hat seine eigene Kombination aus Belastungen, Überraschungen, Ermutigungen, Kränkungen, Klage und Lob. Du bist in jeder Minute beteiligt, so entscheidest Du, wo eine persönliche Wachstumschance auf Dich wartet.

Du verlierst keine Zeit, wenn Du über den Sinn in Deinem Leben nachdenkst. Macht es Sinn, wertvolle Lebenszeit für Deine aktuellen Beschäftigungen einzusetzen? Bitte Gott um die Gabe der Unterscheidung zwischen Wichtigem und Unwichtigem. Lass Dich vom SINN-Geber inspirieren.

Das Maß für persönlichen Erfolg ist nicht Geld, sondern SINN.

Befreie Dich von dem Druck, möglichst viel zu erledigen. Bis zur letzten Sekunde Deines Lebens wird Unerledigtes auf Dich warten. Mitten im Unterwegssein brauchst Du kraftvolle Zuversicht, die Dir hilft, Prioritäten zu setzen.

Oktober:
Perspektiven gestalten

Ich wünsche Dir Mut, Dein Leben zu gestalten. Ganz besonders dann, wenn Du Weichen für die nächsten Schritte auf Deiner Lebensreise stellen willst. Manchmal ist Deine Geduld gefordert und Du brauchst Gelassenheit zu warten, bis Entscheidungen reif sind. Sei gut zu Dir und erlaube Dir sanfte Wege, die Deiner Seele gut tun. Lass Dir Zeit für schöne Dinge und gönne Dir hin und wieder genussvollen Abstand vom Alltag. Höre auf Gottes leise Impulse und vertraue Deinem Herzen.

Mut zum Eigensinn

Acht Stunden pro Tag, fünf Tage die Woche, macht insgesamt 160 Stunden im Monat und 1.920 Stunden im Jahr. So viel Zeit verbringen die meisten Menschen durchschnittlich mit ihren Kollegen am Arbeitsplatz. Eine Menge Zeit in einer Zweckgemeinschaft, die oft Spaß macht, herzliche Freundschaften hervorbringt, doch manches Mal auch dafür sorgt, dass es „im Karton knallt“. Leider können wir uns unsere Kollegen nicht aussuchen. Aber wir können lernen, mit anstrengenden Mitmenschen umzugehen, damit sie uns nicht den Tag verderben.

Kennst Du Situationen, in denen Menschen unangemessene Bitten oder Forderungen äußern? Ich staune häufig über Personen, deren Anliegen in meiner internen Bewertungsschublade das Siegel „unverschämt“ erhalten. Dummerweise erkenne ich häufig die Bereitschaft, meine eigenen Bedürfnisse dieser Situation unterzuordnen. In diesen Momenten schwebt die Wolke des Selbstmitleids über mir und der Satz: „Das Leben könnte so einfach sein, wenn ...“

Willkommen im Club der Unvollkommenen

Was kannst Du gegen die „Macken“ Deiner Kollegen unternehmen, ohne den kollegialen Frieden auf Dauer zu gefährden? Besserwisser, Nörgler, Faulenzer ... Wohl jeder von uns hatte in seinem Job schon einmal mit einem nervigen Kollegen zu tun. Ich habe große Probleme mit Menschen, die unter ständigem Mitteilungsdrang leiden und nicht wissen, dass Pausen im Gespräch hilfreich sind. Etwas bissig erlaube ich mir dann die Bewertung, dass diese Menschen unter „verbaler Inkontinenz“ leiden. Das ist nicht wirklich freundlich, aber ich bin auch nur ein Mensch, der hin und wieder genervt ist.

Leider haben wir im Berufsalltag nicht die Möglichkeit, uns nur die Mitarbeiter auszusuchen, mit denen wir auch nach Feierabend noch ein Bier trinken wollen. Es gibt Menschen, die wir am liebsten nur von hinten sehen. Oder noch besser: gar nicht. Diese Menschen regen uns irgendwie auf und stören unser Wohlbefinden. Manchmal durch das, was sie tun. Manchmal einfach nur durch ihre Art, also dadurch, dass sie sind, wie sie eben sind.

Wenn völlig unterschiedliche Typen zusammenarbeiten, prallen Mentalitäten aufeinander. Das kann schon extrem anstrengend sein, aber gleichzeitig die Möglichkeit bieten, für sich selbst etwas zu lernen. Du musst nicht jeden Menschen mögen, doch ich ermutige Dich zu einem professionellen Umgang mit nervigen Kollegen. Das ist eine gute Schulung zum Thema Persönlichkeitsentwicklung und fördert außerdem persönliches Wachstum.

LOCKER BLEIBEN und bis zehn zählen – Mord ist keine Lösung

Der wichtigste und schwierigste Grundsatz im Umgang mit herausfordernden Kollegen lautet: Cool und sachlich bleiben. Solange Du noch Herr Deiner Emotionen bist, empfehle ich Dir tatsächlich den guten alten Rat meiner Oma: „Zähle bis zehn und die Welt sieht anders aus." Wahrscheinlich wird Dir im Anschluss die Erkenntnis geschenkt, dass Du die nervige Situation ja nicht persönlich nehmen musst. Nach tiefem und entspanntem Durchatmen kannst Du wahrscheinlich lockerer mit der Situation umgehen.

Distanz schaffen – Ablenkung schenkt Klarheit

Ist die Situation festgefahren und Deine momentane Gefühlslage droht zu eskalieren, hilft nur noch Distanz. Tritt besser vor den Mülleimer auf der Toilette als vor das Schienbein eines schwierigen Menschen! Ich habe mir ein Ritual geschaffen, das mir hilft, mich zu reflektieren, bevor mir möglicherweise der „Kragen platzt".

Ist es möglich, schaffe ich räumliche Distanz und gehe an die frische Luft. Dann gebe ich meinen Gedanken ein Thema, das mit meiner aktuellen Situation nichts zu tun hat. Wenn ich mich nämlich mit einem anderen Thema beschäftige, kann mein Gehirn nicht gleichzeitig an die nervige Situation denken. Das hilft, ist aber nicht immer möglich.

Eigensinn stärkt Deine Persönlichkeit und fördert Deine berufliche und private Kompetenz.

Eigen-SINN – eine wertvolle Ressource im Alltag

Wie geht es Dir in Situationen, die Courage erfordern? Traust Du Dich, Deine Meinung zu sagen? Bei welchen Gesprächsanlässen würdest Du gerne mehr Mut zeigen? Gibt es ein Rezept für taktvolle Selbstvertretung? Meine Antwort lautet: Leider nein, und doch ermutige ich Dich zu „Eigen-SINN“, der weder egoistisch, noch taktlos ist.

Der Alltag mit seinen vielfältigen Gesprächssituationen wird zunehmend komplexer: Gespräche im Freundeskreis und in der Familie, Sitzungen im Team, Kritikgespräche mit Vorgesetzten, Arbeitsbesprechungen mit Kooperationspartnern. Für mich wird immer klarer: Ein sinnvolles Leben hängt in hohem Maß davon ab, wie gut es gelingt, sich vor Zumutungen, Unverschämtheiten und Herausforderungen zu schützen. Dafür brauchst Du eine klare Position und die Bereitschaft zum Dialog.

Seit ewigen Zeiten wird „Eigensinn“ in der Gesellschaft abgewertet. Angepasste Menschen sind beliebt und werden häufig für ihre guten Umgangsformen gelobt. Im beruflichen Alltag wird es zunehmend bedeutsamer, in entscheidenden Situationen überzeugend zu argumentieren und respektvoll aufzutreten.

Tipp:
Frage Dich nicht nur, was Du erreichen willst, sondern auch, wozu. Was bringt Dir Deine Argumentation an Lebensqualität und Zufriedenheit? Nutzt das, was Du tust und sagst, auch anderen?
Spüre Deinen inneren Un-Sinn auf und befreie Dich von dem Zwang, um jeden Preis erfolgreich sein zu müssen.

Eigensinn stärkt Deine Persönlichkeit und fördert Deine berufliche und private Kompetenz.
Nebenbei bemerkt tragen eigensinnige Menschen dazu bei, dass Gespräche klar, erfolgreich und konstruktiv sein können. Sie wissen, dass klare Selbstvertretung nicht auf Kosten anderer stattfindet.

Zeigen Deine Individualität und habe den Mut zum Anderssein.
Eine Gesprächsführung mit „Eigen-SINN" fällt nicht vom Himmel. Sie erfordert zielgerichtete und wertschätzende Vorbereitung. Entscheide Dich dafür, in erster Linie Deinen Werten zu folgen. Menschen mit Eigensinn kennen ihre Werte und handeln danach. Deshalb wirken sie so zielstrebig, selbstbewusst und charakterlich wie aus einem Guss.

Meine Empfehlung:
Gib den Anforderungen Deines Alltags Deinen Sinn und respektiere gleichzeitig Deine Bedürfnisse. Das schenkt Dir Gesundheit und stärkt Dein Rückgrat.

DENKIMPULSE

Jeder Tag bietet Dir unzählige Möglichkeiten, den aufrechten Gang zu üben.

Viele Missstände und Ereignisse sind ohne Humor kaum zu ertragen. Damit meine ich nicht die großen Probleme der Welt, sondern den ganz normalen Alltagswahnsinn. Finde den Punkt, über den Du herzhaft lachen kannst. Denn Humor kann sehr entspannend sein und fröhliche Menschen sind überall gerne gesehen.

Kommentare, die das Herz erreichen, wirken besser als Worte, die nur für den Verstand geschrieben sind. Emotionale Ansprache schenkt dem Geist Bewegung.

Sei kein Allerweltsmensch und erlaube Dir das Erlebnis, aus dem Rahmen zu fallen. Das wird ein spannender Tag.

Die Unordnung dieser Welt braucht
Menschen mit Profil.

Misch Dich ein. Es gibt viele Themen,
die Deine Stimme nötig haben.

Könner und Mutige entscheiden sich für eine klare Linie. Konzentration auf das Wesentliche erhöht die Qualität in jeder Beziehung.

Halte Abstand von kraftraubenden Zeitgenossen, die Deine Werte angreifen. Aber wenn sie interessant sind, dann denke fünf Minuten nach, bevor Du ihnen aus dem Weg gehst.

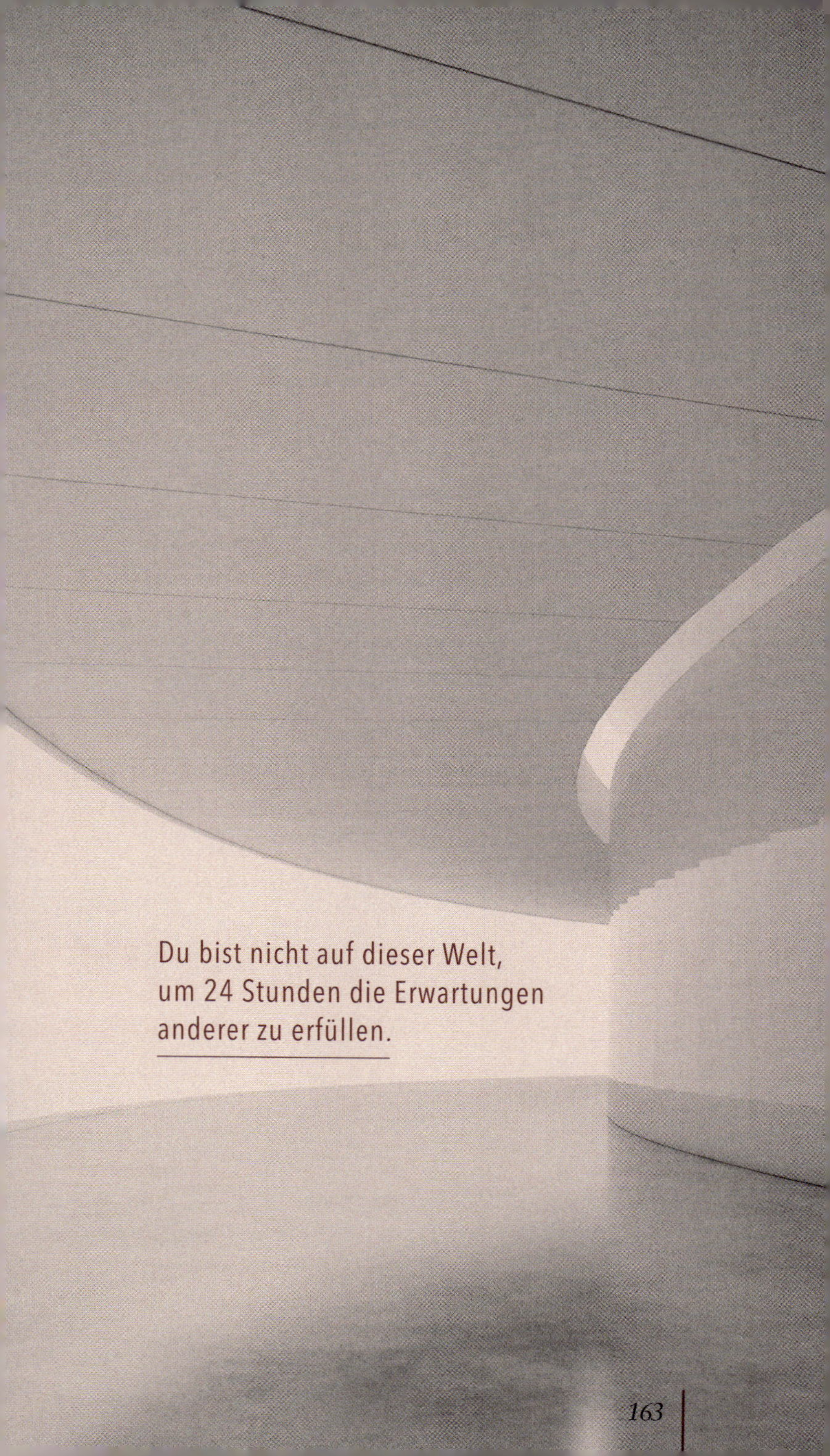

Du bist nicht auf dieser Welt,
um 24 Stunden die Erwartungen
anderer zu erfüllen.

Hast Du eine gute Idee und möchtest damit leidenschaftlich ein kleines oder großes Ziel erreichen, dann mach Dich unabhängig vom Widerspruch anderer Menschen.

Intellektueller Fortschritt braucht
Querdenker.

Übertrage Dein Gewissen nicht auf andere, sondern übernimm selbst Verantwortung für Deine Werte und Einstellungen.

Unsere Gesellschaft braucht Menschen, die wissen, was sie wollen. Nur dann sind Innovation und Zukunft möglich.

Abweichen vom Mainstream schafft Möglichkeiten der Weiterentwicklung. Das ist kein Ungehorsam, sondern Lebenskunst.

Trau Dich, nach unkonventionelle Ideen zu suchen, die mit klaren Schritten zum Erfolg führen. Ein außergewöhnliches Konzept eröffnet viele Möglichkeiten.

Auch heute hast Du die Wahl: Entscheide, ob dieser Tag ein SINN-voller Tag werden oder ob Dich das „Dienst-nach-Vorschrift-Prinzip" langweilen soll. Bunt oder Grau – das ist hier die Frage.

Vertrauen und Wohlwollen im Umgang
mit Menschen sind gute Ratgeber.
Sei taktvoll – Ton für Ton, Wort für Wort.
Sorge für einen angenehmen Rhythmus
und eine gute Gesprächsmelodie.

Wer aus der grauen Masse
heraustreten will, braucht
Mut zum Anderssein. Das gilt
für die eigenen Ideen und den
Umgang mit Menschen.

Verzichte auf alles
Überflüssige, um Freiheit
für das zu gewinnen, was
Dir wirklich wichtig ist.

Was immer Du für heute planst, binde es an Deine Werte und die göttliche Weisheit.

Menschen brauchen keine Gleichbehandlung, sondern den Mut, zu sich selber stehen zu können. Richte Deine Wertmaßstäbe nicht nach den Erwartungen anderer, sondern entdecke den Individualisten in Dir, den Gott geschaffen hat.

Schiebe alle Glaubenssätze zur Seite und beginne, eine Stunde quer zu denken: gegen den Strich, jenseits aller Regeln. Das schenkt der kreativen Gehirnhälfte Raum, sich zu entfalten.

Es geht nicht darum, das zu tun, was alle tun. Wage es, Deine eigene Position zu vertreten. Dazu musst Du allerdings eine haben. Benenne Deine Inhalte und gehe dann nach vorne.

Sorge dafür, dass Deine Ziele auch
Deine Herzensangelegenheiten sind.

Für eine starke Ausstrahlung
brauchst du einen aufrechten Gang.

Die hohe Kunst der Anpassung ist nicht immer sinnvoll. Selbstloses Verhalten kann dazu führen, ein Leben als Marionette zu leben. Gestatte Dir Einfühlungsvermögen für Deine Wünsche und Korrekturen, wenn nötig.

Gib den Ereignissen Deinen eigenen Sinn und erlaube Dir Individualität. Das fördert den Selbstwert.

Der Alltag kann eine sprudelnde Stressquelle sein, in der die einen baden – und die anderen untergehen. Einer der stärksten Stresskiller ist übrigens das Gebet, sagen amerikanische Forscher.

Erlaube Dir für heute: Lass Dir Zeit.
Sei Du selbst. Mach es wirklich.
Lass Dich Wirklichkeit werden.

Du weißt nur, dass Du etwas kannst, wenn Du es ausprobierst.

November: Perfektion ablegen

Ich wünsche Dir viele Begegnungen, die Dich humorvoll nach vorne schauen lassen. Begeistere Menschen, juchze und gluckse. Ja, Glucksen! Das ist das besondere Lachen mit dem kleinen Hicks für entspannte und wohltuende Lebensfreude.

Genug gegrübelt!

Verzichte auf den Ehrgeiz, alles richtig zu machen zu wollen

Gehörst Du auch zu den Menschen, die sich gerne in Details verlieren, bevor sie ihre Projekte oder Produkte der Öffentlichkeit zeigen? Oder werden Brieftexte erst freigegeben, wenn Du der Meinung bist, dass diese nicht mehr verbessert werden können? Wenn Du diese Fragen mit „Ja" beantwortest, befindest Du Dich in bester Gesellschaft. Herzlich Willkommen im Club der Perfektionisten. Mitglieder dieses Clubs verlieren schnell ihre kreative Schaffenskraft, den Spaß an der Sache und den Glauben an sich selbst.

Perfektionismus ist der größte Kreativitätskiller

Perfektionismus hat viele Facetten. Mal ist er ein warnendes Stoppschild, das uns vor dummen Fehlern oder Abgründen schützt. Gott sei Dank! Er kann kurzfristig aus der Reserve locken und uns mit einer großen Portion Adrenalin versorgen, das zu Höchstleistungen führt. Aber Vorsicht: Dauerhafte Adrenalinzufuhr versetzt den Körper in permanente Alarmbereitschaft, ruiniert die Gesundheit und verhindert kreatives Denken. Das fördert chronische Selbstzweifel und macht jeden Tag unsicherer. Wenn mal etwas nicht klappt, was aus meiner Sicht zur Regel gehört, sind Perfektionisten die ersten, die Selbstkritik üben und sich zynisch selbst zerfleischen.

Tipp: Stärke Deine Stärken und bitte Kollegen, Mitarbeiter oder Freunde um Hilfe, wenn sie etwas besser können. Fange auf keinen Fall an, Dich mit Nobelpreisträgern, Bestsellerautoren oder anderen „Helden“ zu vergleichen.

Es gibt eine Wahrheit, die für alle gilt: Talente sind ungleich verteilt und Deine Aufgabe ist es nicht, über eine gerechte Verteilung von Gaben und Fähigkeiten zu philosophieren, sondern Deine Aufgaben zu erledigen.

Analysiere weniger

Viele Perfektionisten verzetteln sich in unwichtigen Details und stellen häufig fest, dass ihnen ein wichtiges Projekt über den Kopf wächst. Jedes Thema bietet Dir die Chance der Detailversessenheit. Wenn eine bedrohliche Deadline im Kalender steht, werden Perfektionisten schnell zu unangenehmen Zeitgenossen und setzen andere und sich selbst meisterhaft unter Druck. Leiden sie zusätzlich an Aufschieberitis oder haben Angst vor Fehlern, bahnt sich ein emotionales Unwetter an. Mein Lieblingszitat zu diesem Thema stammt von Klaus Linneweh: „Wer unter Druck oder aus Angst vor Versagen Entscheidungen trifft, springt aus dem Fenster, ohne die Feuerleiter zu sehen." Ich stimme dem Zitat zu und weiß selbst sehr genau, dass es eine Herausforderung ist, nicht aus dem Fenster zu springen. Glaube mir bitte: Kein Mensch erwartet von Dir Wunder. Springe nicht aus dem Fenster. Gib Dein Bestes. Das muss genügen.

Tipp: Lege vor jedem Projekt die erfolgsentscheidenden Punkte fest und konzentriere Dich in der Recherche ausschließlich auf diese Themen. Rechne in Deiner Planung mit Fehlern und Verzögerungen. Kein Mensch ist unfehlbar und das ist auch gut so. Die größten Erfindungen in der Menschheitsgeschichte haben ihre Entdeckung Fehlern zu verdanken.

Kein Mensch ist unfehlbar
und das ist auch gut so.

Du bist, wie Du bist, und das ist gut so

Eine bittere Pille, die jeder Perfektionist schlucken muss, ist die, dass er es niemals allen Menschen recht machen wird. Es ist eine Illusion zu glauben, dass Perfektion vor Kritik schützt. Im Gegenteil. Jeder Mensch kennt in seinem Leben notorische Nörgler, die immer ein „Haar in der Suppe" finden. Wenn Du Dich von denen antreiben lässt, wirst Du zwangsläufig Deine Ziele aus den Augen verlieren und damit auch Deine Durchsetzungskraft und Standfestigkeit.

Tipp: Trau Dich, fertig zu werden, und lerne zu dem zu stehen, was Du in einem angemessenen Zeitraum erarbeitet hast.

Plane kleine Pausen und Genussmomente

Bevor Du Dich unter Druck setzen lässt, solltest Du regelmäßig kleine Auszeiten in Deinen Tagesablauf integrieren, um Abstand zu gewinnen. Schaue aus einer anderen Perspektive auf die Dinge, die gerade in Deinem Gehirn nach Perfektion schreien. Konzentriere Dich auf den Prozess und nicht auf das Ergebnis.
Schaue mit kindlicher Neugier auf die nächsten Schritte und genieße beim Betrachten die Geschenke, die eine Pause Dir anbietet. Zugegeben, das klingt sehr einfach, aber Auszeiten sind der erste Schritt aus der Perfektionismusfalle.

Tipp: Plane jeden Tag eine Mittagspause, in der Du Dich ich entspannen kannst und gute Ideen die Chance bekommen, Dir Lösungen zu schenken. Ohne Kompromisse – jeden Tag.

Lernen vom Clown Grock

Auf die Frage nach dem Geheimnis seines Erfolges gab der weltberühmte Clown Grock folgende Antwort: „Ich schaue, bevor ich in die Manege gehe, durch ein kleines Loch im Vorhang und sage: ‚Mein liebes, liebes Publikum, ich danke Dir, dass Du gekommen bist, um mich zu sehen. Ich werde heute mein Bestes geben, um Dich zu unterhalten. Das muss genügen.' "

Mein Fazit:
Kein Mensch ist perfekt – Versuche es erst gar nicht.

Es ist eine Illusion zu glauben,
dass Perfektion vor Kritik schützt.

DENKIMPULSE

Viele Menschen machen aus ihrem Leben einen gesellschaftlichen Wettbewerb. Soziales Schaulaufen ist angesagt. Von der Motoryacht bis zur Ferienvilla wird die private Perfektion genährt. Das ist ziemlich anstrengend.

Schaue heute mit einem milden und liebevollen Blick in den Spiegel. Sage „Ja" zu dem Menschen, den Du dort siehst – auch zu seinen Grenzen und Schwächen.

Reduziere Dich nicht auf Fähigkeiten, die Du nicht hast. Denn dann setzen „Schrumpfmechanismen" bei Dir ein. Zeige vielmehr Deine Kompetenzen und suche sie bei jedem Gegenüber. Es könnte eine Begegnung von Riesen werden.

Kein Mensch kann hinter einer
Maske glücklich und zufrieden leben.
Zeige mutig und entschlossen
Deine Gedanken und Kompetenzen.
Nimm Deine Persönlichkeit ernst.

Denke bei allem, was Du tust,
dass Gott vor aller Leistung steht.
Das stärkt den Rücken und füllt
die Seele.

Sperre heute den „inneren Kritiker" in einen Käfig und strecke ihm die Zunge heraus. Tu's einfach.

Menschen, die glauben, alles zu können, kennen ihre Grenzen nicht und sind häufig egozentrisch.

Kennst Du Deine Entspannungs- und Erholungsmuster oder heizt Du pausenlos Deine Aktivierungsmuster an?

Souveräne Menschen halten ihre Kompetenzen nicht unter Verschluss. Sie teilen mit Freude ihre Erkenntnisse und müssen nicht „blenden".

Gott hat Dir sowohl Gaben als auch Grenzen geschenkt. Grenzen sind wichtig, um andere zu loben für das, was sie besser können, Gaben, um sie einzusetzen. Dann mal los! Stelle Deine Gaben in den Fokus dieses Tages und zeige sie.

Jeder Mensch möchte im Kern seines Wesens genügen und aus gutem Herzen heraus handeln. Wer oder was erfüllt Dein Herz, damit es im gesunden Rhythmus schlagen kann?

Übe Dich in der Kunst, mit Unsicherheiten zu leben. Es gibt keine Garantie für den perfekten Moment.

Erlaube Dir, Deine Persönlichkeit und Deine Werte in den Alltag zu integrieren. Alles andere macht Dich auf Dauer krank.

Deine Ausstrahlung ist unabhängig von Gesicht, Figur und Alter.

Heute gibt's eine besondere Herausforderung. Fang an und katalogisiere die Segnungen und Geschenke dieses Tages und sage Gott „Danke" dafür, was Dir gelungen ist.

Veränderungen brauchen Energie und Mut. Sorge also dafür, dass Dein emotionaler Tank gefüllt ist, bevor Du Veränderungen planst.

„Beerdige" Deine Ideen nicht unter rastloser Geschäftigkeit und einer Fülle von kritischen Gedanken.

Habe den Mut, Deine Alltagsroutine zu durchbrechen und – jenseits aller Normen und dem Gebot der Vernunft – ein kleines Risiko einzugehen.

Perfektion verhindert Entwicklungsmöglichkeiten. Sie kostet vielmehr Lebendigkeit und Kreativität.

Wer auf Perfektion verzichten will, braucht ein wichtiges Thema, das es wert ist, sich dafür rückhaltlos einzusetzen.

Welchen Preis zahlst Du für Deinen Wunsch, perfekt sein zu wollen?

Innere Bewertungen, Urteile und coole Sprüche sind Antreiber der Perfektion.

Wenn Dir die Übersicht fehlt, hilft es, Distanz zu schaffen. Dazu gehört auch, vernichtende Gedanken zu entrümpeln.

Lebst Du nach einem Drehbuch, das andere für Dich schreiben? Sorge dafür, dass Du die Hauptrolle für Dein Leben selbst inszenierst.

Keine Angst vor Experimenten!
Erlaube Dir eine Sammlung außerordentlicher und verrückter Ideen.

Finde einen Weg, wie Du im fordernden Alltag die Unruhe vertreiben kannst und suche Orte auf, in denen Leistungsdruck und Perfektion keinen Raum haben.

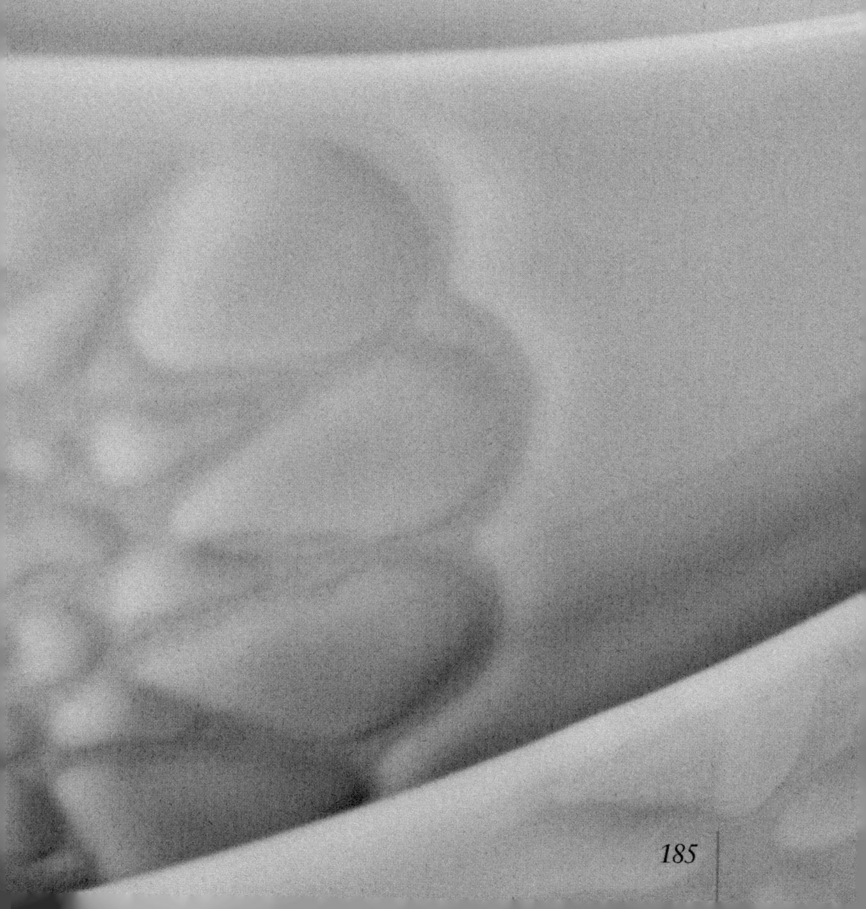

Verzichte auf Rechtfertigungen
und reiche Fehlern die Hand.

Glück ist nicht in Methoden zu
finden, sondern ist das Ergebnis
eines spirituellen Weges.

Jede Veränderung stört
Dein Gleichgewicht. Dafür
brauchst Du tiefe Wurzeln,
die Dich stabilisieren.

Glaube ist unabhängig von „machbarer Entspannung" und führt in eine Ruhe jenseits aller menschlichen Erfahrungen.

Glück ist kein Zustand, sondern vielmehr ein Prozess. Dazu gehört auch die Bewältigung von Herausforderungen.

Ein starker Glaube wirkt sich positiv auf Dein Lebensglück aus und erleichtert Dir den Umgang mit Perfektion.

Auch wenn Du viel besitzt, wirst Du nicht glücklich, wenn Du ständig in Nachbars Garten schaust.

Lass Dich in Freude und Leid von Gottes guter Hand tragen. Seine Liebe will Deine Seele füllen und Dir gute Sichtweisen schenken.

Dezember: Advent stimmungsvoll gestalten

Ich wünsche Dir eine präzise Antwort auf die Frage, was die Kunst des Lebens für Dich ausmacht. Suche nach dem, was wirklich Wert hat und Dir Bodenhaftung und Offenheit schenkt. Lass Dich in Freiheit verwurzeln und sei ein erdverbundener Himmelsstürmer. Schaue in Dich, erkenne Dich selbst und lass Dir von Gott ein Leben in Fülle schenken.

Heiteres – Nachdenkliches für die schönste Zeit des Jahres

Für viele Menschen beginnt im Dezember die schönste Zeit des Jahres. Gibt es eigentliche Regeln für die Adventszeit? Mit welchem Blickwinkel schaust Du auf die Vorweihnachtszeit? Hast Du nicht manchmal das Gefühl, dass es immer schwieriger wird, das Stille und Besinnliche zu erleben und zu bewahren?

Suche nach dem, was wirklich Wert hat und Dir Bodenhaftung und Offenheit schenkt.

Erst eilig, dann heilig

Viele Jahre lebte ich im Advent nach dem Motto: „Erst eilig, dann heilig". Selbstverständlich mag ich die Gemütlichkeit im Winter und alle Attribute, die in diese Zeit gehören. Aus meiner Sicht sollte die Adventszeit eine Zeit der Besinnung sein. Doch ich fühlte mich von Jahr zu Jahr stärker Besinnungs-los durch kommerzielle Angebote und den Lärm, die Eile der zurückliegenden Monate. Gibt es ein Rezept, sein Inneres so herunterzufahren, dass Ruhe und Besinnung im Herzen eintreten können? Leider nein. Eins ist sicher: Der erste Schritt zur Besinnung beginnt mit Besinnung.

Lasst uns froh und munter sein

Wenn ich Rückschau halte, muss ich bekennen, dass ich ausgerechnet am Jahresende, in dieser ach so hoch gepriesenen gemütlichen Zeit, von dem Satz „schnell noch mal" angetrieben wurde. Meine Stimmung war alles andere als „froh und munter". Zarter Glöckchenklang und zuckersüße Weihnachtstexte im Gedudel der Einkaufsbeschallung gingen mir total auf die Nerven.

Vor dem Stillwerden
kommt das Verlangsamen.

Schnell noch ein paar Besuche planen, weil sich das so gehört. Es ist wichtig, der ehemaligen Kollegin im Ruhestand zu zeigen, dass sie nicht vergessen wird. Schnell noch einen Motivationsbrief schreiben, damit der Endspurt zum Jahresende im Sinne einer guten Bilanz gelingt und der Chef aus voller Kehle „O du fröhliche“ singt.

Ach ja, schnell noch einen Adventskranz kaufen, die Verwandtschaft einladen, ein Gedicht für die Adventsfeier kopieren, Weihnachtsgrüße verschicken, Geschenke einkaufen und auf jeden Fall kurz in mich gehen und gedanklich die Ziele für das nächste Jahr formulieren. Und auf keinen Fall darf ich vergessen, die Strohsterne zu bügeln. Kennst Du diese Situationen des Getrieben-Seins, obwohl Du gerne anders handeln möchtest?

12 Minuten Stille sind meine kleine Antwort auf eine große Sehnsucht

Genau so wenig, wie man ein großes Schiff auf dem Meer in kurzer Zeit zum Halten bringen kann, kannst Du mal eben herunterfahren, weil Dein Kalender den 1. Dezember anzeigt. Vor dem Stillwerden kommt das Verlangsamen. Ins Verlangsamen kommst Du nicht durch Denken, sondern durch aktive Schritte.

Mein persönlicher Weg der Besinnung sind die täglichen Meditationen des „Anderen Advent“, eines ökumenischen Kalenders, der mich vom Vorabend des 1. Advent bis zum 6. Januar mit Texten und Bildern zum Nachdenken anregt. Ich entscheide mich bewusst für 12 Minuten Stille am Tag und lasse in diesen Momenten den Advent für kurze Zeit in meinem Herzen Platz nehmen. Einkehr und Innehalten, Umkehr und Neuausrichtung. Bilder, die mit wunderschönen Worten verwebt sind. 12 Minuten am Tag in den Himmel schauen. Das nenne ich Winterglück. Mehr geht immer, aber 12 Minuten sind schon ein guter Anfang, oder nicht?
Habe den Mut, den leisen Stimmen Deiner großen Sehnsucht zuzuhören und das Abenteuer aufzuspüren, das in der Stille auf Dich wartet. Dafür brauchst Du kein Rezept, sondern Mut, Deinem Herzen zu vertrauen. Ich wünsche Dir genussvolle Tage mit geheimnisvollen Überraschungen. Denn nur wer stehen bleibt, kann still werden. Gehe mit Zuversicht und Hoffnung durch den Advent und lass Dich vom Kind in der Krippe berühren.

Klar, im Himmel hätte man auch anderes planen können, aber Gott hat uns dieses in Windeln gewickelte Weihnachtswunder geschenkt, damit aus der schrillen Freude eine stille werden kann. Wenn das keine gute Nachricht ist?

DENKIMPULSE

Willkommen im Advent. Genieße den Duft von Tannen und Weihnachtskuchen und schenke Dir für kurze Zeit inneren Abstand zum Alltag. Zeit, die Dir Mut machen kann, Dich dem Wagnis des Lebens zu stellen. Möge Gott Dich segnen, damit Du spüren kannst, dass Dein Leben in guten Händen ist. Die Geburt Christi ist Gottes Versprechen, dass der Himmel auf Deiner Seite ist.

Stopfe die Adventszeit nicht voll wie eine Weihnachtsgans. Das hat Gott sicher so nicht beabsichtigt.

Dezember: Ran an die Wolldecken, Kerzen und Weihnachtsplätzchen. Kalorienzählen verboten. Zünde eine Kerze an und betrachte die Welt in einem anderen Licht. Warmer Kerzenschein öffnet den Blick und ändert die Sichtweisen.

Es gibt Momente, die so schön sind, dass einem die Luft zum Atmen fehlt. Genieße sie und verzichte auf die Illusion, dass diese Momente mit einer Fotokamera festzuhalten sind. Finde im Weihnachtsgetümmel Deinen von Licht und Hoffnung geprägten Weg.

Wann hast Du das letzte Mal durch ein Schlüsselloch geschaut? Vielleicht ist diese kindliche Neugier, Spannung und Aufregung im Advent schon lange her? Wie kannst Du diese aufregenden Momente in eine „erwachsene" Form bringen?

Sei offen für Hoffnungsgeschichten, die das Leben schreibt, die Geburt Jesu ist eine der sehr besonderen Art.

Suche Stille, die Dich von Innen lebendig macht und einen geistlichen Klimawandel jenseits aller Traditionen fördert.

Advent bietet die Möglichkeit, mit dem Herzen zu denken und mit dem Verstand zu fühlen. Probier's aus. Das wird sicher spannend.

Lieber Bratapfel als Zankapfel.

Wenn die äußere und innere Welt immer lauter werden und Du nicht mehr zur Ruhe kommst, brauchst Du eine stimmungsvolle Auszeit. Nicht immer gibt es Gelegenheiten zum Anzünden einer Kerze, aber Du kannst immer und überall für kleine Momente innehalten. Stell Dich ans Fenster und suche den Himmel. Halte Gott Deine Gedanken und Dein Herz hin und gib ihm die Chance, Dich zu füllen.

Theologische Aussagen brauchen einen Bezug zur Realität. Das gilt vor allem für die Weihnachtsbotschaft. Sei still, höre zu und finde DEINEN.

Gott macht möglich, was Menschen unmöglich ist. Er bevorzugt es, auf Deine Mithilfe zu bauen. Lass Dir von ihm Hoffnung für alle Begegnungen schenken.

Ich wünsche Dir einen Tag voller Himmelslicht und Geduld für alle Herausforderungen. Fühle Dich geborgen im Morgenrot und packe diesen Tag aus wie ein Geschenk voll liebevoller Aufmerksamkeiten aus göttlicher Werkstatt.

Glaube und Vertrauen sind nicht machbar. Der Heilige Geist und die Schönheit der Gnade stellen die Ordnung des Lebens in einen göttlichen Kontext. Sie verbinden Leib, Seele und Geist.

Hast Du Lust auf frische Ideen? Dann plane heute kleine Gesten der Hilfsbereitschaft und überrasche liebe Menschen. Freue Dich auf das, was passiert.

Blöd-SINN entsteht, wenn Du Verhalten von anderen übernimmst, das weder Dein Leben noch Deine Denkweise positiv beeinflusst.

Gib Menschen und Gelegenheiten heute die Chance, etwas Besonderes zu sein. Lobe sie über den „grünen Klee". Erhebe das Mittagessen zu einem „Sterne-Menü" und setze Zeichen der Liebe, die aus dem Herzen kommen. Das ist ein größeres Geschenk als ein Schokoladen-Nikolaus am 6. Dezember.

Die Gewissheit, in Gottes Hand zu sein, kann diesem Tag Freiheit, Gelassenheit und Qualität schenken. Gewissheit macht Deine Schritte fest und hilft Dir zu mutigen Entscheidungen.

Achte heute auf die Wunder des Alltags, um in Deiner kleinen Welt dem Staunen zu begegnen.

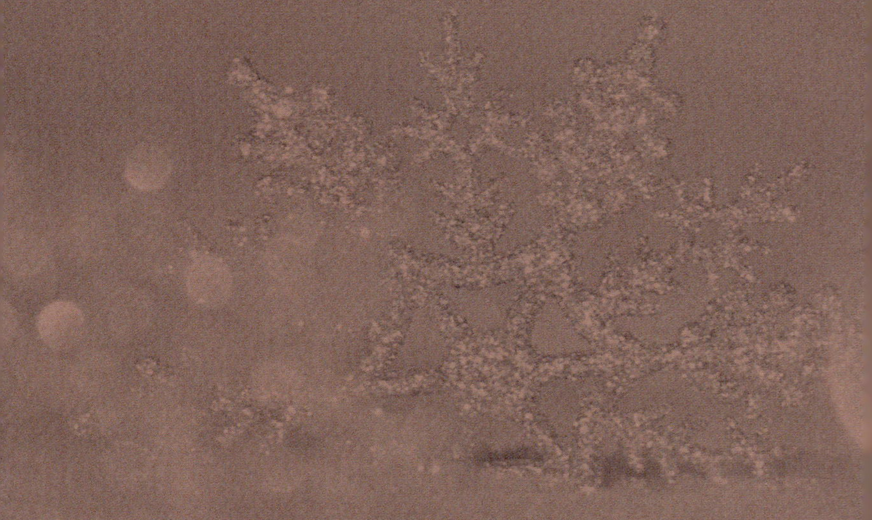

Jeder Tag ist eine Einladung, auf der Überholspur des Alltags zu fahren. Erlaube Dir dagegen, täglich eine Reise ins eigene Herz. Spüre die Tiefe Deiner Existenz, Deines Glaubens und der Liebe Gottes.

Denke charmant und unwiderstehlich über Deine Werte nach und bekenne Dich zu dem, was Dein Leben prägt. Inwieweit hat das Kind in der Krippe Platz in Deinem Denken

Gott ist kein Buchhalter, der Deine Taten in Soll und Haben auflistet. Er ist barmherzig und nimmt Dich an, wie Du bist. Denke daran, wenn die Perfektionismusfalle zuschlägt. Gottes Sendung für Dich liegt weder unter dem Weihnachtsbaum, noch in einer Schale selbstgebackener Plätzchen, sondern in Deinen Fähigkeiten. Staune und gehe zärtlich mit Dir um.

Feuerwerke finden an vielen trostlosen Orten statt. Vorher und nachher ist alles dunkel. Sei heute ein Ideenfeuerwerk und entzünde Menschen mit dem, was in Dir brennt: Nächstenliebe, Barmherzigkeit, Mut und Entdeckerfreude. Habe ich etwas vergessen? Teile Deine Begeisterung und ernte Anerkennung.

Das Wort „vergänglich" kommt in keinem Werbespot vor. Das würde ich gerne auf jeden Knaller zu Sylvester schreiben. Lasst uns humorvolle „Knalltüten mit zwei Ohren" sein – das ist unvergänglich und hat Ewigkeitswert.

Gehe hin und wieder an einen schönen Gedankenplatz und wünsche Dir farbenfrohe und heilige Brisen. Gedanken, die wie Zimt und Honig das Leben versüßen.

Wenn's draußen ungemütlich ist, kannst Du drinnen mit Fantasie und farbenfrohen Gedankeninseln eine angenehme Atmosphäre schaffen.

Schalte Dein Tempo heute auf „Zeitlupe" und höre Deiner Seele zu, wenn sie Dir etwas zu sagen hat.

Erlaube Dir eine Auszeit mit heißem Tee und einem guten Buch. Das nenne ich „heimkommen" und sich wohlfühlen. Die dunkle Jahreszeit hat durchaus ihre Vorzüge.

Suche Dir einen Platz, an dem Du Dich aufgehoben und verstanden fühlst und dann mache es Dir gemütlich.

Unsere Sehnsucht macht uns sensibel für einen Mangel der Seele. Sie macht uns zu Suchenden und Pilgern. Nimm Deine Sehnsucht ernst und suche an der richtigen Stelle nach Antworten.

Suche im Weihnachtsgottesdienst Anbetung und Gemeinschaft. Der Gottesdienst ist nicht für Deine Unterhaltung geschaffen, sondern für die Begegnung mit Gott. Freue Dich auf diese heilige Zeit, in der Gott Dir durch die Geburt seines Sohnes Klärungshilfe für Dein Leben anbietet.

Ich hoffe, also bin ich. Ohne Hoffnung ist der Tag öde und leer. Im Hoffen verknüpft sich die Zeit mit der Ewigkeit.

Lass Dich heute von verrückten Gedanken inspirieren, wenn sie aufflackern, und Dir in schwerelosen Momenten Ideen schenken.

Man knallt in das neue Jahr hinein, um sich über das Jahr nicht mehr zu erschrecken, sagen die Italiener. Nun, da ich mich weder vor dem neuen noch vor dem alten Jahr erschrecke, lass ich auch das mit den Böllern.

Unter der Oberfläche der Glitzerangebote und Kauf-mich-Werbung wirst Du die faszinierende Weihnachtsbotschaft nicht finden. Suche in dieser turbulenten Zeit jeden Tag einen Anlass zur Entschleunigung und mache Dich auf Weg zum Kind in der Krippe.

Ich wünsche Dir einen elegant vielseitigen Tag mit zahlreichen stimmungsvollen Facetten. Dein Erleben hängt von der Deutung ab, die Du dem Adventsgeschehen gibst. Verzichte auf Pflichtveranstaltungen, Worthülsen und Floskeln. Suche Begegnungen von Herz zu Herz und erwarte einen weiten Horizont.
Lass Dich beschenken.

Du hat sicher bereits viele gute Vorsätze.
Setze sie um.

Suche Formen und Möglichkeiten, mit denen Du die Adventszeit gestalten kannst. Grenzen werden Dir helfen zu akzeptieren, dass nicht alles möglich sein wird. Dieses Eingeständnis kann Dich in Freiheit führen, wenn die Erwartungen von außen zu groß werden.

Danke

Von ganzen Herzen danke ich Dir, dass Du hin und wieder die Zeit angehalten hast, um meine Impulse zu lesen. Bei allen Herausforderungen, die jeden Tag auf Dich warten, wünsche ich Dir, dass Du Deine Mitte findest, um die nächsten Schritte zu planen.

Die Gegenwart ist der Maßstab für das Leben

Jeder Veränderungsprozess beginnt damit, alt vertraute Gewissheiten in Frage zu stellen, um einen neuen Kurs einzuschlagen. Selbst im vertrauten Alltag lässt sich die Persönlichkeit in Schwung bringen. Am Anfang dieses Prozesses steht häufig die Ausrede: „Ich bin nun mal so, ich kann nicht anders!", damit der „innere Schweinehund" auch auf seine Kosten kommt. Während meiner Schulzeit stand auf meinem Schreibtisch der Sponti-Spruch: „Bewege deinen Hintern, und der Kopf wird folgen." Na ja, auch wenn das ziemlich salopp klingt, steckt eine Menge Wahrheit in den Worten, oder?
Sprenge hin und wieder die Grenzen Deiner destruktiven Glaubenssätze. Herausforderungen machen letztendliche glücklicher, als sich immer nur in der Komfortzone des Gewohnten zu bewegen. Dieses Buch habe ich für Dich geschrieben, wenn Du mehr an Lösungen als an Problemdiskussionen interessiert bist.

Monika Bylitza

Monika Bylitza ist dankbar für 20 Jahre Praxiserfahrung auf den Gebieten Personalführung, Coaching, Wertpapiermanagement und Vertrieb bei einer deutschen Großbank. Im Deutschen Knigge-Rat setzt sie sich für das Thema „wertschätzende Kommunikation in postmoderner Kultur" ein.

Nach 20 Jahren Coaching und Training ist sie davon überzeugt, dass alle Ressourcen im Menschen vorhanden sind, um anspruchsvolle Ziele zu erreichen. Ihr Vertrauen in die Veränderungsbereitschaft ihrer Kunden ist grenzenlos. Sie sieht ihre Aufgabe darin, Führungskräfte dabei zu unterstützen, diese Ressourcen gewinnbringend einzusetzen.

Sie liebt Denkmodelle, die nach allen Seiten über den Tellerrand hinausblicken.
Dabei verbindet sie ihre fröhliche Menschlichkeit mit der Standfestigkeit einer selbstständigen Managementtrainerin in eigener Firma.

Ihre Arbeitsweise: Herzlich und zielgerichtet, mit dem Gespür für Außerordentliches.

Ihr Motto: Mensch gewinnt Mensch.